实力教育研究院推荐作品

学成之路

美国大学的正确打开方式：

DOING COLLEGE RIGHT
A GUIDE TO STUDENT SUCCESS

著 [美] 乔·奥谢 主译 国澄莹

中国科学技术出版社
·北 京·

图书在版编目（CIP）数据

美国大学的正确打开方式：学成之路/（美）乔·奥谢著；国澄莹主译.—北京：中国科学技术出版社，2023.7

ISBN 978-7-5236-0066-5

Ⅰ.①美… Ⅱ.①乔… ②国… Ⅲ.①高等学校—留学教育—介绍—美国 Ⅳ.① G649.712.8

中国国家版本馆 CIP 数据核字 (2023) 第 069220 号

Copyright©2020 by Teachers College, Columbia University
First published by Teachers College Press, Teachers College, Columbia University, New York, New York USA. All Rights Reserved.

本书中文版由 Teachers College Press 授权中国科学技术出版社出版。未经出版者书面许可，不得以任何方式复制或抄袭或节录本书内容。版权所有，侵权必究。

著作权合同登记号：01-2023-3219

策划编辑	卢紫晔
责任编辑	曹小雅
封面设计	陈秀梅
正文设计	中文天地
责任校对	吕传新
责任印制	徐　飞
绘　　图	郑宛佳

出　　版	中国科学技术出版社
发　　行	中国科学技术出版社有限公司发行部
地　　址	北京市海淀区中关村南大街 16 号
邮　　编	100081
发行电话	010-62173865
传　　真	010-62173081
网　　址	http://www.cspbooks.com.cn

开　　本	787mm×1092mm　1/16
字　　数	148 千字
印　　张	13
版　　次	2023 年 7 月第 1 版
印　　次	2023 年 7 月第 1 次印刷
印　　刷	北京中科印刷有限公司
书　　号	ISBN 978-7-5236-0066-5 / G·1011
定　　价	79.00 元

（凡购买本社图书，如有缺页、倒页、脱页者，本社发行部负责调换）

编译者名单

著　　　[美]乔·奥谢

主　译　国澄莹

副主译　鲁　逸　赖　娟

译　者　刘　兰　钱德昊　侯绪扬　刘　镝

谨以此书献给卡伦·罗福林（1949—2020）。她是我的同事，也是良师益友，一直孜孜不倦地倡导和推动学生成功的理念。

致　谢

　　本书得以面世，离不开我身边好友、同事、学生及其家长们的大力支持。我要特别感谢艾莉安娜·库珀（Elliana Cooper），她提供了很多专业细致的修改建议。我还要感谢佛罗里达州立大学（Florida State University）以及莎莉·麦克罗里（Sally McRorie），是他们给了我源源不断的动力来完成本书的编撰。最后，我要感谢我的家人长久以来给予我的支持和鼓励。

译者序

从十四岁起，通过母亲的工作，我开始有机会接触要去美国读研究生深造的优秀人才。那时候的我，和大多数中学生一样，并不知道自己想要什么。尽管我的母亲说，我现在就可以去美国读高中，但我对此并没有什么想法，毕竟我是比较懒的人，而且当时在北京读初中的我，也不是学霸。看着那些玩命补习托福/GRE的人，我觉得我和他们之间的距离太远了！

参加高考后，我突然萌生了去美国读书的想法。主要是因为看到身边一位相熟且英文水平比较一般的哥哥要去英国读研，被刺激到了，感觉是不是我也能出国留学。老妈一个"行"字，坚定了我的想法，我开始了托福学习之路。没有上任何的托福补习班，拿了一套教材，每天在图书馆自己"啃"。两次托福考试都是同样的分数，不高不低，但刚好过线，我便开始自己申请学校。

在那个网络还没有很发达的年代，我需要依靠拨号上网以及传真来完成申请工作，那可真是考验耐心的一段时间。最终，我顺利拿到了美国东西海岸及中部的7所学校的录取通知书。择校时，老妈大手一挥，说："我们就去这个学校吧，学费便宜还有奖学金，小镇人少，也安全，本科教育都是差不多的基础课程，留着钱研究生来个给力的。"就这样，我在美国中部的一个横竖只有两条主路的小镇度过了四年的大学时光。

进入大学之初，出乎意料不是我害怕美国同学，而是他们害怕我，因为我是这所学校 5 个国际学生当中唯一的中国人，他们对我感到很陌生。虽然他们每个人都很友好，却不愿意和我交流（或者说，不知道如何交流）。我在当时就立志要当个"社牛"，主动出击，跨越这道社交"鸿沟"。反正无外乎"多看多听，多参与"，俗话说嘛，只要自己不尴尬，尴尬的就是别人。

"学生成功才是教育之本"（摘自本书第一部分），这句话非常好，但想要做到这一点，需要校方以及校内的每一位教职员工认真对待每一个学生。

在这个学校里，我收获了很多。从大一第二学期开始，我便主动去问每一位专业内的教授，有没有什么科研活动可以让我参与或跟着学习打下手。一开始的自己什么都不懂，就从最基本的数据录入开始。虽然无聊，却给自己认识和学习一门学科、一项技术打下了坚实的基础。

大二开始，我选择商科作为辅修专业，还加入了学校的一个商科社团。一向低调的我，在大三的时候，莫名其妙地被商科社团的导师选为社团主席，并带领大家在州里的比赛获得了第一名。之后学校还给了我足够的支持（车马费和饭店住宿费），让我作为代表去纽约参加全国的论坛和培训；那可是我第一次独闯纽约，在那么一个手机里还没有导航软件的年代。这份殊荣，一直鼓励着我多去参与实践和创新。

为了丰富实践经验，大一第二学期，我便开始在校内找兼职。无奈自己在国内时，家里和学校两点一线，也没什么技能，所以兼职找的并不顺利。到了开学的时候，我看到学校的 IT 部门在招兼职，便直接冲到主管办公室，毛遂自荐：我从小就打字快，电脑玩得也很溜。虽然当时我并不知道真正的工作内容是什么，但我很幸运地被录取了。

这份工作，我一直做到了毕业。那个时候的电脑还是台式机以及像板砖一样沉的笔记本电脑。我从搬扛电脑往返于各个办公室、教学楼、宿舍楼，到硬件组装、修理以及软件管理，最终成了学生员工的小领导。

大三、大四时，我还为学校的商学院工作了一年多，不但挣了零花钱，更是有机会旁听了 MBA 的全部课程。我很感激我的学校提供了这些机会，而且没有因为我国际学生的身份而拒绝给我机会。所以，我充分地理解并支持本书所阐述的细节，非常真实！

"高质量的体验式学习可以帮助学生发掘兴趣所在、确立奋斗目标、培养专业技能、提供学习能力和社交能力。而设计拙劣、时间仓促且没有挑战性的体验式学习，其效果是完全无法与高质量的体验式学习相比较的。"（摘自本书第五章）

直到今天，我也没有因为本科没有去常青藤学校而后悔。因为对于任何一个人来说，适合自己的才是最好的。我在纽约大学和哥伦比亚大学（下称哥大）读硕士研究生和博士研究生的时候，也没有任何人因为我的本科院校不出名而歧视我，毕竟他们看重的是你这个人（学习能力和交流能力）。本书的第一部分谈到学校排名以及排名的两面性，你可以仔细研究，选校并不应该只看名次，适合自己才最重要。然而寻找这份适合，需要大家带着开放性的思维去接受以及尝试，不要过早下结论。

从纽约大学和哥大毕业后，为了更好地了解美国教育体系，我先后在美国的几所私立高中工作了几年，后来到了现在任职的哥大教育学院，看到并深切地体会到中国学生在美国的学习状况和家长的忧虑、茫然。也看到了在美国大学里的中国学生，对于美国文化的生疏，和只为了获得一纸文凭而学习的现状。如何利用好大学的资源，如何在课程中寻找自己所需的知识，如何锻炼个人能力，这才是最重要的。我们出国留学是为了开阔视野，融会贯通，从而使自己成为更适合国际化快速发展的人才！

　　2021年，我在哥大教育学院出版社发现此书时，便颇为欣喜。因为这本书的内容，正是这么多年我和美国教育体系打交道下来，希望有赴美学习计划的中国学生能提前了解到的。

　　与原著作者交流后，我顺利得到了翻译权，因为我们有着共同的想法，把最真实的美国高校现状和文化展示给大家。我想这本书，能给国内的同学和家长传递准确、真实的信息，在大家选择美国大学的时候，会更清楚自己到底要什么，如何利用好大学的资源，少走些弯路。

　　由于篇幅有限，我就写到这里，还有很多经验想和大家交流，我们可以在书本外找机会接触和讨论。希望这本书能为大家留学美国有所帮助，为大家带来全新的有关美国教育现状的认识。

国澄莹（又名：小米）
2022年9月于纽约

目录
CONTENTS

引　子 > 录取？一切才刚刚开始……　|　001
　　　　　大学环境在与时俱进　|　004
　　　　　本书的使用方法　|　007
　　　　　本书结构　|　008

第一部分　重视学生的成功

第一章 > 改变思路：学生成功才是教育之本　|　013
　　　　学生的成功是什么　|　014
　　　　如何定义学生的成功　|　018
　　　　学生成功应该是高等教育的头等大事　|　019

第二章 > 学校排名的意义　|　024
　　　　美国大学的不同类型　|　025
　　　　了解大学排名　|　029
　　　　毕业率及学生毕业后的差距　|　031
　　　　影响毕业率的因素　|　032
　　　　录取率越低，学校真的就越好吗？　|　035
　　　　关注排名的两面性　|　036
　　　　美国大学相关数据信息获取渠道　|　038

第二部分　如何在大学学业中取得好成绩

第三章 > 大学课程设置　|　045
　　　　课程的选择对成功有着至关重要的影响　|　045

培养成长型学习思维　|　046
一门好课是什么样的？　|　047
课程元素：测试、小组项目等　|　055
每学期应该上几门课？　|　057
学校提供的课程数量能够满足学生的需求吗？　|　059
课堂规模重要吗？　|　060
学业指导的重要性　|　062
通识课程（基础必修课程）　|　064
毕业设计项目：整合性专题实作课程　|　064
网课　|　065
如何选择大学专业　|　066
双专业及本硕连读项目　|　071
你了解"不定专业"吗　|　072
限制招生专业　|　072
换专业　|　073
在高中获得大学学分　|　074
上大学前需要做哪些准备？　|　075

第四章 > 学业保障：学生学术支持　|　077

导师咨询与指导　|　081
咨询指导的形式　|　084
对于弱势学生群体的支持　|　086
发生紧急情况后学校对学生日常生活的支持　|　089
来自父母与家庭的支持　|　090
师生互动　|　092
学术支持：图书馆、课后辅导、培养学习方法　|　095
大一新生的校内支持：迎新会、入学培训、过渡期　|　096
上大学前可以做哪些准备？　|　098

第三部分　全面成长

第五章 > 课外实践学习　| 103
　　实习　| 107
　　本科科研项目　| 110
　　服务型学习　| 113
　　海外学习经历　| 114
　　评估大学的课外实践性学习　| 118
　　上大学前可以做哪些准备？　| 119

第六章 > 在大学中如何结识益友、提升校园参与度及培养领导能力　| 121
　　寻找适合自己的校园文化　| 125
　　归属感与冒名顶替综合征　| 126
　　学习共同体：大学中的小团体　| 128
　　荣誉课程　| 129
　　住宿生活　| 130
　　室友　| 131
　　学生社团　| 132
　　志愿服务与社区服务　| 134
　　兄弟会与姐妹会　| 135
　　学生会　| 137
　　上大学前可以做哪些准备？　| 137

第七章 > 身心健康与个人安全　| 139
　　大学生的心理健康　| 140
　　心理问题的预防措施　| 142
　　个案管理　| 145

原生家庭、监护人和学生身心健康　|　146

安全与治安　|　147

校园餐饮　|　150

校内医疗　|　152

康乐活动与运动健身　|　153

上大学前可以做哪些准备？　|　154

第四部分　大学启动资金与通往未来之路

第八章 > 钱很重要——学费与补助　|　159

了解大学的各种费用　|　161

高等教育的投资回报　|　164

什么是学费补助？　|　165

学费补助的种类　|　166

高校提供的学费补助到底怎么计算？　|　170

你应该申请学生贷款吗？　|　171

在大学期间打工　|　172

读研的不同规划　|　174

学校为学生财务规划提供指导　|　175

上大学前可以做哪些准备？　|　175

第九章 > 大学毕业后：迈入职场、继续深造及其他选择　|　177

如何使用以及评估大学的就业指导服务　|　178

毕业后的发展要匹配个人能力　|　182

雇主在学生身上最看重什么？　|　183

公民发展：毕业后对社会的贡献　|　185

结语　|　187

术语（Glossary）总结　|　188

引 子

录取？一切才刚刚开始……

卢卡斯（Lucas）坐在电脑前，不断地刷新着邮箱页面，焦急地等待着心中理想大学的录取通知书。他的脑海中，似乎已经浮现出自己成功进入大学的场景。终于，录取通知书如期而至，卢卡斯成为家里的第一位大学生。家人们都沉浸在欢乐中，任谁都没有想到，卢卡斯的大学生

卢卡斯

活会在大二这一年以退学戛然而止。从最初对大学生活的无比憧憬，到最后的半途而废，究竟是什么原因导致卢卡斯成为美国高等教育的失败者之一呢？

在美国，每年有 100 万大学生选择提前结束自己的大学生涯；这一比例，占到了全部大学生的 40%。截至 2019 年，有 3600 万美国成年人接受过高等教育，却没有顺利毕业获得文凭。

虽然近些年很多人鼓吹"学历无用论"，然而研究显示，拥有大学文凭对薪资有正向帮助，同时能从大学顺利毕业拿到文凭的人，心理健康水平和与家人的关系也都要好于无法顺利毕业获取文凭的人。

当然，无论是学生还是家长，对于高等教育的期待，绝不仅仅是毕业这么简单。学生们都希望可以在高校学习期间，充分利用学校的教育资源、人脉资源等，为自己的未来夯实基础，从而在毕业后迅速将在校园内学习到的技能以及建立的人际关系，转变为实际收益。

而在大家都关心的薪资问题上，研究显示拥有大学文凭的人和没有文凭的人之间的薪资差距多年来一直在加大，几十年下来这一差距可能会达到上百万之多。

而对于无法顺利毕业的学生们，学虽然不上了，但学生贷款却仍要还。如果拖欠还款，会影响信用评分。

我们常说，"知识改变命运"。对于像卢卡斯这样的弱势学生群体，高等教育本应是助力他们改善自己和家庭经济状况的机遇。而现实中，很多美国高等院校，在学生们尤其是弱势学生群体的求学道路上，制造了不少的障碍，阻碍了他们逐梦的脚步。毕业率的提高是美国高等教育一直都在努力却无法实现的目标。这些年来，我目睹了很多学生的成功，也看到了太多才华横溢的孩子们在高等教育体系中摔倒。

高校的选择，对于孩子未来的发展，有着深远的影响。这就不难理解为什么那么多家长会绞尽脑汁，甚至不择手段地将孩子送入名校。2019年，美国联邦调查局（FBI）披露了一则令人震惊的教育丑闻：在过去的10年间，一些有钱有势的家长，通过贿赂和欺诈考官的方式，将自己的孩子变成被招募的运动员，从而把他们送入美国顶尖名校。这场名为"大学蓝调行动（Operation Varsity Blues）"的案件，是美国史上最大的大学入学舞弊案，涉案金额高达2500万美元！

大学招生舞弊案的揭露，让顶级名校录取的诱惑力和竞争激烈程度达到了历史新高。很多学生在整个高中生涯中步步为营，只为将来能顺利踏入名校。面对舞弊风波带来的负面影响，美国教育界的专家们纷纷站出来谴责美国大学录取流程的漏洞与弊端，同时呼吁学生和家长不要一味地追逐名校光环，而是应该考虑这所学校是否适合学生的个人发展，不要强迫学生们改变自己迎合名校的要求。每一个学生都有属于自己的成长轨迹，名校并不是通向成功的唯一敲门砖，只有找到适合自己的发展轨迹，才能为之后的发展打下坚实的基础。

当繁忙的高校申请季来临时，学生们大都为获得更多的录取通知而奔忙，很少有人去考虑更加长远的发展计划。那究竟什么才是成功择校呢？学生们在择校的时候，应当多问问自己：我应该去哪所大学？大学期间我该做些什么才能获得成长？成功是什么？在什么样的环境下才能获得成功……对于大多数学生来说，这些问题都不好回答。归根结底，学生们对接受高等教育会对未来产生什么样的影响毫无概念，学生们也无法从校方获得有效的帮助。这便使得他们在择校时很盲目，以至于迷失自我。

举一个简单的例子，萨曼莎刚刚收到了两所大学的录取通知。两所学校的背景非常相似：是同一个州的州立大学，在各大高校排名中都名列前茅，都为学生们提供了丰富的课程选择及校内活动。然而，两所学校的毕业率竟相差两倍！为什么会有这种差距？如果你是萨曼莎，你会选择去哪所学校呢？

大学环境在与时俱进

在过去的几十年里，有一个经典的"段子"：校领导在新生入学培训时，会对新生们说："看看你们身边的同学吧，一年之后，你们中会有三分之一的人选择退学。"很多学生会认为，这是大学治学严谨的象征，只有学生足够优秀才能毕业。然而，事实真的是这样吗？

随着教育大环境的变化，高等教育也在与时俱进。高校学费上涨，社会各界对高校责任感、教学效率及教学成绩的要求不断提高，如今，帮助学生获得成功已成为各大高校的授业之本。更有高校宣称，帮助每一位在校生顺利毕业是他们的责任。根据一项全美范围的研究，我们也可以看到，学生们认为学校能够给予学生的教育支持力度，是预测学生学术能力的重要参考指标。

单从教学角度出发，高等教育从业者比以往更了解学生的学习和成长方式，知道如何设计课程，才能促进学生的全面发展。但除了教学，在大学中能够影响学生成功的因素还有很多：大学期间学生住在哪里，课内外的参与程度如何，选择了哪些课程，这些课程的授课风格是怎样的，学生的心理健康状况，学校的就业指导专业度，学校是否提供充足的财政辅助，学生又是否有足够的机会进行应用体验式学习，等等。简言之，学生的成功离不开高校提供的鼓励、支持，以及各种挑战和机遇。

这些影响学生成功与否的关键信息，又可以从哪里获取呢？大部分学生都会通过身边的同学、朋友、网络、学校官方信息以及招生广告等渠道获取。然而，即便通过不同渠道获取到了大量信息，对于学生们来说，大学究竟是什么样的，仍旧像谜一样：复杂的流程、陌生的术语、神秘的规则、模糊的途径。这个时候，学生们需要拥有一点剥茧抽丝的侦探能力，透过层层现象去发掘大学的本质；而这一过程，实在是漫长且充满着各种疑问的。不信，我们就一起来看看下面这则某大学对于学生毕业的要求：

> 学生可以用一门 1000~3000 级别的"实践奖学金"课程满足学校对于通识教育选修课的要求。为了坚持执行这一政策，有一个例外情况，那就是限制在社会科学、历史或自然科学课程中可以作为选修课的课程数量。具体来说，如果学生通过社会科学、历史或自然科学中的一门课程满足了通识教育选修课的 3 个学时的要求，并且选修了同一通识教育分类中被批准的"实践奖学金"课程，那么由于"实践奖学金"课程的特殊性质，该课程可以被算作一门通识教育选修课。

上述文字是否让你看得云里雾里？毕业的具体要求到底是什么？学生应该怎么申请助学金？本科科研又是什么？学生该如何为申请研究生以及为找工作设计出一份有竞争力的简历？

不知道你有没有想过造成这些疑惑的潜在问题。大学期间，学生在校表现不好，无法顺利毕业，到底只是学生的自身不足还是学校的责任呢？人们通常会很轻率地认为学生表现不好是因为他们没有理解课本内容，他们没有寻求帮助，他们缺乏有效的时间管理，他们缺乏积极性和主动性。诚然，学生的个人努力与所获得的成就息息相关。然而，高校的教育体系设计是否有利于学生个人发展，又能否促进学生获取成功也是不可回避的问题。

我们经常看到，两所学生群体相似的大学，其毕业率可以相差20%。导致这一怪相的主要原因是学校所采取的教育策略的差别。换句话说，就是高校是否会为促进学生成长进步实现学生成功而去明确教育策略。现如今，越来越多的高校开始意识到这一问题，开始从问责学生（成功全由学生努力来决定的教育思维），转变为校方与学生共同配合、相互促进的思维模式。

在本书中，我们会讨论到大学里学生能否获得成长与成功，是源自校方和学生两方的共同努力。不同的高校，不同的教育理念和方针，对学生们的求学生涯有着截然不同的影响。学生们在择校时要记住，大学应该是一个可以挖掘自身潜能、塑造理想、激发活力的舞台。选择一所适合自己的大学，会对人生产生深远的积极影响。

当一所大学以支持学生获取成功为出发点时，我们可以看到，学校在设计教育系统时，会特意为学生们，尤其是弱势学生群体，创造更多机会与支持。学生们可以在校方的助力之下，获得更多成功的机会。这便是我们所说的适合学生发展的大学。

不知道同学们是否经历过下面这位故事主人公的困惑。在大一的一门理科课堂上,一位同学对课业内容提出合理的问题,得到的却是教授冷冰冰的一句"你还不懂吗"这样的搪塞。这简简单单的一句话,不仅浇灭了这位同学的求知欲,让他感觉自己失去了主动权,也让这位同学开始思考:"为什么这门多年来评价不好、设计也不合理的课程,校方却放任不管呢?"如果这门课程的教授可以用更为高效、更有吸引力的方式引导学生学习,相信学生的潜能是可以被激发的。

除了学术背景之外,学生们在择校时还会受到其他因素的影响。一些学生会被学校的社交活动、自己的交友圈以及学校的招生宣传所吸引,也有学生考虑的是学费高低,或者学校离家远近等因素。尽管这些因素看似会对大学生活造成影响,但这类影响都是暂时的。学生如果在择校时只顾及短期影响因素,如离家近、学费低,而忽视学校是否运用有效措施促进学生成功的话,就有可能会造成无法顺利毕业的结局。

无论高校所提供的环境如何,学生的主观能动性依旧是他们在大学期间能否取得成功的关键。我们在前文说到过,学生们要找到适合自己的高校。那么这个"适合"的特征之一,便是学校能够激发学生的主观能动性。学生们能主动去充分利用资源,分配自己的时间精力,从而学习与成长。

本书的使用方法

本书旨在指引学生及家长更好地了解美国高等教育体系,从而将教育成果最大化。书中使用大量调研数据、引用美国不同高校成功的学生激励项目来说明学生是如何在大学中获得成长的。书中的全部学生案例都源于我亲身经历的真实案例。本书以学生的成功为出发点，将研究成果与叙述事实相结合，为读者提供了一个评估学校的标准框架。

个体的差异决定了学生们在大学中的成功没有万能的公式，每个学生都需要摸索出属于自己的成功之道。在摸索中，向大学提出合理的问题，是最能帮助学生快速全面了解学校、判断学校是否适合自己的方法。本书中，我们会为学生在择校阶段如何向校方提问给出指导性意见。学生在咨询时，最好的提问对象便是每所大学的招生办。招生办的工作人员不仅可以根据学生们的具体提问检索出最全面的信息，还可以直接联系到相关负责人来为学生们答疑解惑。

每个学生在进入大学后，都会面临属于自己的问题与挑战，这些都是大学生活必经的一部分。本书中，我们所探讨的学生成功，更多的是站在宏观层面，综合学生们在各个领域的表现，做出判断。如果你正在面临择校的困惑，那么本书会成为你在考察大学时、择校时、初入大学身份过渡时的专业指导，帮助你找到最适合自己的大学。尤其是对于那些正在面临选择四年制大学的学生来说，本书的指导性帮助尤为显著。而对于没有择校困惑的学生来说，本书也可以帮助你们更好地安排在校时间，从本质上帮学生了解可以从校方获得的实际帮助有哪些，从而规划出入学前和在校期间，需要通过哪些努力实现全面成长。

本书结构

本书对于学生的帮助，将会横跨整个大学生涯。

第一部分为"重视学生的成功"（第一章和第二章）。在这一部分，我们会首先通过调查及提问的方式，引导你去界定在大学中学生的成功是什么。当读者有了自己对成功的定义后，我们会继续通过追问的方式，帮助你去探寻大学排名的意义以及什么类型的大学最能够促进学生发展。

第二部分为"如何在大学学业中取得好成绩"（第三章和第四章）。在这一部分，我们将探寻高等教育教学体系的核心：课上引导及课程设置。书中不仅为学生们如何高效学习提出指导，也给学生们指出可以在校园中获取的学术支持。

第三部分为"全面成长"（第五章，第六章和第七章）。我们将探索大学课堂之外的应用学习机会：实习、海外游学、职业发展规划等相关活动。同时，在这一部分，我们也会关注学生们的课外社交生活，着眼于学生们在校期间参与的社团等人际交往活动。在"全面成长"的最后一部分，我们还将关注学生们在校期间的心理健康问题。

第四部分"大学启动资金与通往未来之路"（第八章和第九章）。这一部分我们将探讨大学期间的费用、助学贷款等一系列涉及钱的问题。同时，我们也会探讨学生们应该如何应对就业或继续深造的问题。

虽然高等教育的求学之路并不平坦，但只要找到适合自己的道路及环境，每个人都可以获得成功。而本书便是学生们在大学取得成功的敲门砖。

第一部分
重视学生的成功

即将迈入美国高校，开启大学四年生活的你，是否已经准备就绪。

择校时，你是更注重学校的名气，还是真的因为这所学校适合你呢？那些即将迈入常青藤学校的天之骄子们，对自己的未来，有多少信心呢？

这四年，你计划如何度过？你的目标又是什么？是顺利毕业拿到大学文凭，还是希望能够实现学生的成功呢？

第一章

改变思路：学生成功才是教育之本

当吉姆（Jim）带着正在面临大学申请的女儿莎拉参观自己的母校时，往昔各种回忆涌上心头，他发现虽然学校还是他记忆中的模样，许多学生和曾经的他一样，有的在玩飞盘，也有的躺在草地上学习。但如今的校园生活却和他当时所经历的截然不同。课堂上，教授不再单向输出知

吉姆

识，课堂气氛也不再像以前那样严肃沉闷。学生们被分成学习小组，大家积极讨论，气氛十分活跃。更让他惊讶的是，化学实验室里会有大一新生跟着教授一起做实验。要知道在吉姆上学时，这是研究生才能有的机会。

吉姆回忆起自己上大学的时候，同学们基本上都和自己一样，来自经济水平相似的家庭。而如今，他看到学生社团的传单，发现不仅有代表多元种族的学生社团，比如海地美国学生组织（Haitian American Student Organization）和拉美裔学生会（Hispanic Student Union），还有服务于多元文化的学生社团等。在参观校园的尾声，吉姆发现了一所新建的大楼。向导介绍说这是学校新建的职业规划中心，旨在帮助学生们提前规划自己的未来。无论是选择毕业后找工作还是继续读研，学生们都可以在职业规划中心获得相应的帮助。看到穿着正装的学生们认真地和职业规划中心的老师探讨未来、修改简历，吉姆也开始思考，究竟什么对学生来说才是成功的大学生涯？他记得自己上学时，顺利毕业便是大学生涯成功的象征。30年过去了，学校也发生了翻天覆地的变化。如今，大学生群体的组成和30年前早已不同。看到学生们在大学中拥有了越来越多的机会和选择，他对成功的大学生涯也有了全新的定义。

本章，我们要重点讨论的便是大学期间学生的成功是如何定义的以及什么样的学校能更好地帮助学生们取得成功。

学生的成功是什么

学生成功（Student Success）是在教育领域经常被提及的一个词。那么这个成功到底是什么意思，成功的标准又是谁来界定？随着时间的推移，不同的人在不同的时期会给你不同的答案。

在美国高等教育的发展史中，很长一段时间普通人是没有机会接受高等教育的。以家境优渥的白人男性为代表的富人们，通过接受高等教育的方式实现自我增值。第二次世界大战后，越来越多的人开始渴望接受高等教育。为了更好地安顿退伍军人，美国政府制定了《退伍军人权利法案》(GI Bill)，用来资助数百万退伍军人进入大学和研究生院校深造。随着战后美国经济的腾飞和人口增长，人们开始意识到大学文凭对职业发展的重要性。随着越来越多不同背景的学生渴望接受高等教育，美国政府也开始给予公立高校财政补助，以鼓励和支持学校接收更多的学生入学。一时间，现有高校扩招，新的大学拔地而起，越来越多美国人的大学梦得以实现。

尽管高校录取人数逐年上升，但高等教育仍旧是以白人为主导的"游戏"。究其原因，是因为少数族裔的孩子从基础教育阶段就没有公平、充足的教育资源。获得大学文凭已经是公认的提高收入、改善生活的手段。而少数族裔人群却从根本上无法与白人站在同一教育起跑线上，这也就限制了他们的发展。美国高等教育的现状，值得人深思。大学的录取通知，究竟是发给哪些人的，又有哪些人确实入学了？

面对这一质疑，高等院校纷纷做出努力，提高少数族裔人群的大学录取比例。教育领域的媒体以及官员也开始评估各高校学生的多元性：学校是否招收了适当比例的有色人种以及低收入家庭学生？学校是否投入了人力、物力，从而增加学生的多元性？

在移民聚集居住的加利福尼亚州和得克萨斯州，大学生群体的多元化逐年升高，受到各方赞誉。在各方努力之下，很多高校的学生种族多样性都有了显著改善。但相应的质疑声从未停止，有些批评的声音认为高校是在以降低录取标准为条件，提升种族多样性。也有些批评的声音认为很多学校在这一波提升多元化的浪潮中毫无作为。

在美国高等教育的发展中，除了提升学生种族多样性，另一大难题便是被录取的学生是否能够顺利完成大学学业，走向人生的成功。大学生的毕业率一直是美国高等教育体系的痛点。很多学生虽然拿到了录取名额，但却没有成功完成学业，而是选择了中途退学。高校如何留住学生，在整个20世纪90年代以及21世纪成为美国高等教育体系的重中之重。大一和大二是学生们退学的高峰期，因此很多高校把"让学生顺利完成头两年的学业"当作目标。尽管学校做出了努力，很多学生还是在大一学年结束后选择退学。2017年美国秋季入学的350万大学新生中，仅有74%的学生顺利进入大学第二年的学习，也就是说大学流失了1/4以上的学生。我们也可以看到，有78%的白人学生顺利进入大学第二学年，而西班牙裔学生和黑人学生的这一比例仅为70%和66%。

究竟哪些因素可以帮助学生顺利完成学业呢？这一问题一直是教育领域专家学者不断研究的课题。经过近30年的观察研究（20世纪70年代—90年代），文森特·廷托（Vincent Tinto）创建了最早的，也是至今仍旧被广泛运用的模型，用来分析学生的留校率和退学率。

根据文森特·廷托的研究成果显示，学生的留校率主要是由学生的性格特点以及学生对校园生活的融入程度决定的。这一发现，也被教育界广泛认可。越来越多的研究成果显示，大学生在校时课堂内外的参与程度对留校率起关键作用。参与程度低的学生，更容易退学。针对这种以学生参与为中心的模式的发现，各大高校也推出了很多针对大一新生的项目，用来鼓励新生提高校园生活的参与度，营造归属感。

传统的思维模式认为，学生的失败是他们根本就没有准备好面对大学生活的压力与挑战。然而，这些人忽略了一个问题：很多高等院校从原始设计上，就是旨在服务特定小众人群的。因此，当学校扩招，不同背景的学生进入校园后，学生们会产生很多不适应的情况。意识到这点后，各大学推出了各种项目和服务，以保证学生在校园中的参与度、挑战性和支持度，从而提高了留校率。高校的管理层针对学校推出的提升学生留校率的项目作出解释，强调学校并不是以降低标准的方式来留住学生的。学校做的是协助学生，帮助他们消除大学期间不必要的障碍，整合新的教学方法，从而让学生们获得最大的成长空间。

除了大学前期留校，大学生顺利毕业更是衡量学生大学期间成功的重要指标。美国高校的大学生普遍要用多少年来完成学业呢？不同背景的学生完成学业的时间是否相同呢？带着这些问题，我们来看一项美国全国范围的学生调查。根据这项调查数据，90%的大一学生认为他们可以在四年时间内顺利毕业。但实际上，能够在四年内顺利读完大学并拿到学士学位的学生只占全体学生人数的40%，60%的大学生需要五六年才能完成本科学业。美国各个大学的毕业率极不平衡，从30%~90%不等。在全美各大学、政府机构以及教育组织的合力下，这些年美国大学生的毕业率实现了逐年增长。

除此之外，学生毕业后的个人发展也越来越多地被算作衡量学生在高校获得成功的重要维度。很多高校会着重宣传自己的杰出校友：名人、政客、企业高管或者知名艺术家等，而学生们在择校时也会被高校毕业生的发展动向所吸引。

学生毕业后是否能顺利找到工作？毕业生的薪资待遇如何？选择继续深造的学生是否能顺利申请到心仪的研究生学院？学生毕业时，对所担负的学生贷款是否有能力偿还？来自低收入家庭的毕业生是否可以在毕业后实现阶级跨越，达到高收入水平？

虽然质疑的声音一直都有，比如高校对学生毕业后的去向没有深远影响，大学并没有为学生就业以及其他发展做好准备，但很多大学都开始着手准备打造专门的项目，去帮助毕业生更好地迈入人生下一阶段。而事实结果也显示，高校的这些措施的确有效地帮助了毕业生顺利走出校门，并在未来的发展道路上取得成功。

如何定义学生的成功

衡量学校成功的不同维度：学生多元化、留校率、毕业率以及学生毕业后的发展情况。这些维度不仅能够给学生在择校时提供帮助，让他们多了解学校，也让高校可以充分展示自己的教学成果，对纳税人的钱负责。

个体差异性决定了学生的成功不能仅仅从几个维度来考量。很多优秀的学生进入大学不仅是为了顺利毕业再找个工作，还希望自己的潜能在高校中能够被充分挖掘，真正通过大学的学习，实现自己的目标。然而，大学是否能通过提供高质量的教育体验，充分挖掘学生潜能呢？这个问题既难界定，也容易被忽略。当学生功课门门得高分，又能顺利从大学毕业时，很少有人会去关心大学的学业难度能否给学生带来足够的挑战，又是否激发了该学生的个人潜能。

单纯的量化衡量方式并不能真实反映学生在大学生涯中是否取得了全面长足的进步。学生批判性思维的培养、道德准则的建立、团队沟通合作能力的养成以及问题解决能力的提升，这些成长都不是用量化的方式就能反映出来的。学生们不仅需要从大学顺利毕业，更需要在大学期间培养全面的个人技能，从而顺利地从学生状态过渡到之后的工作生活状态。2020年入校的本科生乔·吉杜巴尔迪（Joe Guidubaldi）分享了他对大学中获得成功的认识：

> 我最开始觉得上大学就是好好上课，再拿一个好成绩，这就是成功了。但当我越来越融入学生这个身份，我意识到大学中的所有经历都可以变成学习的机会。这些学习的积累，造就了更成熟、更成功的自己。

由此可见，大学时期学生的成功远不止毕业找到工作。学生的成功，应该是学生全方位的能力提升。这一概念，也将贯穿本书。

学生成功应该是高等教育的头等大事

在本书后面的章节，我们会深入探讨如何从不同维度来评估一所学校对促进学生成功有多少责任感。而在判断一所学校对学生成功的定义究竟是什么时，有以下几个信号可以作为我们参照的依据：愿景、价值观、文化。

  首先，要评估学校对学生成功的愿景是什么。学生要想发现这个愿景是什么并不难，而这些愿景是否与学生自己对成功的定义相同，便是需要考量的因素。有的学校仅以学生毕业为成功愿景；有的学校会把消除各学生群体之间的毕业率差距作为愿景；还有学校会以提升毕业后学生的就业率以及深造表现作为愿景：例如，将学生毕业6个月后就业率达到95%设定为学生成功的目标；或以提高毕业生继续深造，获取更高学历的人数比例作为目标。当然，也会有一些高校对毕业生有非常具体的要求：比如艾格尼丝·斯科特学院（Agnes Scott College）的SUMMIT项目，对其学生的培养目标就非常明确：该项目旨在通过重塑21世纪的博雅教育，将每一位学生都塑造成符合时代需求的国际社会变革推动者。而加利福尼亚大学圣迭戈分校（University of California, San Diego）对其毕业生的能力要求更多的是在就业竞争力上。

  从高校录取的学生类型上也能反映出学校对学生成功的愿景。有的学校一味强调学生的学术能力，甚至声称将全国学术能力最优秀的学生都招收进来。面对这样的学校，学生们应该考虑的是学校是否会给全体学生提供同样的学术支持，还是只会照顾尖子生。有的学校过度谈论大学第一年的成功，这也需要学生们提高警惕，以防学校无法对大二之后的学习给予同等支持。而学校面对具有不同背景的学生，是否能够给予同样的支持，助其获得成功，更是学生们需要考量的因素。

  其次，学校的价值观导向是否利于学生成功也是需要考量的重要因素。大学是否开诚布公地讨论并且渴望学生成功，是否非常重视高质量教学？以上话题是如何交流的，在哪里表现出来？关于这些信息，学生们一般可以通过高校的招生网站或宣传材料了解。这种重视学生成功的言语，在大学的使命或愿景宣言中也会很明显。比如我们经常看到学校用"学生的成功是我们的首要任务""我们在意每一个孩子的成功"这样的标语和成功事迹来宣传学校对学生成功的愿景。多年来，马里兰大学巴尔的摩分校（University of Maryland, Baltimore）的校长弗里曼·哈罗布斯基（Freeman Harobski）有一套知名的学生成功理念。他坚持引领学校做出一系列对学生成功产生主要影响的决定，最大限度地提高多元化学生群体的成功。

当然，学生们也会发现，有些高校的价值观导向并不是以本科生的成功为出发点的。有些学校也许更看重科研能力及研究生教育，也有一些更以盈利为导向。领导力专家阿德里安娜·凯扎尔（Adrianna Kezar）也对此现象做出过评论，随着大学的扩招以及高等教育的变化，一些大学的教育重点已经从学生身上转向了其他领域。

如果一所高校声称自己是以学生成功为导向的，那么这所学校不仅需要制订清晰的目标，也要有具体的方式来评估学校对于促进学生成功所做出的努力。例如，乔治梅森大学（George Mason University）在2014—2024年的十年发展规划中，针对学生成功的不同领域都设定了清晰的目标，包括定期评估毕业率和学生的就业情况，以及定期听取学生反馈，评估学校是否对学生的个人发展给予了足够的支持。

第三点需要评估的是高校是否有重视每一位学生成功的文化。关注每一位学生的成功并不是一件容易的事情。在这个问题上，很多高校都会选择关注大多数学生的成功，而忽略小部分学生的困难。这一小部分学生面临的困难和经历的失败并不会影响学校的声誉。然而对他们个人而言，这些都将会对他们的大学生涯及未来的职业生涯，甚至毕业后的财政状况造成不可挽回的负面影响。

所有学生都希望生活在一个有爱的环境中。大学在传递给学生包容性的同时，更要注意学校的全体教职员工都能够统一传达校园文化，消灭部门之间的态度差异，让在校的全体学生都能无时无刻地感受到学校的支持与关爱。大卫·柯普（David Kirp）曾指出，学校的每一位员工都应该对学生成功有一种责任感和使命感，全力以赴贯彻校园文化，确保学生们可以在校园中收获归属感。

在本书中，我们也会讨论到一类学校，他们对学生成功侃侃而谈，却不会付出任何实际行动去促进学生成功。市面上的一些材料，比如大学的广告，可能无法清晰准确地反映大学的文化。如何才能透过现象看本质，认清一所大学是否真的关注学生的成功呢？在接下来的章节中，我们将会引导你如何从更全面的角度探索学校的价值观导向。

简言之，高校该将学生的成功放在首位。为了确保学生取得成功，高校应该不断自省，是否给学生提供了激发潜能的校园环境。在下一章的内容中，我们会重点探讨如何衡量学生在大学中的成功。

3个问题帮你判断大学是否重视学生的成功

1. 大学对于学生成功的定义是什么？
2. 学校是否认同"每个学生的成功都很重要"？
3. 学校是否不断改进促进学生成功的措施？

大学是否优先考虑学生成功的评估标准

级别	评估指标
优秀	学校为实现学生的成功制订了清晰的目标，旨在开发学生在大学期间以及毕业后的全部潜力。学校坚持"每个学生都重要"的文化导向，并将该校园文化渗透到学校战略和运营决策的过程中
良好	学校对学生的成功有明确的目标和期望。与学生毕业后的发展情况相比，学校更加关注学生的毕业率。学校关心学生成功的文化导向明显，但该导向在与其他策略冲突时，经常要做出妥协
中等	学校关于学生成功有明确的量化评估标准。"每个学生的成功都很重要"这一文化导向只存在于局部院系。学校更关注留校率，对学生的发展情况没有特别关注
一般	学校只有促进学生成功的愿望，却没有付诸行动。"每个学生的成功都很重要"这一文化在学校非常罕见。学校没有为学生的成功提供资源保障，大部分在校生都无法顺利毕业
较差	学校完全不关心学生的成功；只专注招生，而不顾学生是否可以顺利毕业

第二章

学校排名的意义

在高三的下学期,玛利亚(Maria)身边所有的长辈在知道了她被所在州的知名州立大学录取后,纷纷向她表示祝贺,称赞这所大学非常好。这些称赞,既让玛利亚感到非常开心,也同样引起她的思考:究竟大家所说的"好大学"到底好在哪儿?

玛利亚

在本章中，我们将主要探讨玛利亚思考的这个问题：好大学是被如何衡量出来的。我们会从不同的维度来探讨这个问题，给大家全面分析不同类型的学校对于学生的成功，会有怎样的影响。

美国大学的不同类型

排名、学校规模以及离家远近，这些都是学生们选择学校的重要参考因素。但是，你们真的了解高校都有哪些类型吗？不同类型的高校之间又有什么区别呢？印第安纳大学教育学院（Indiana University School of Education）管理的卡内基教学促进基金会对美国高校进行了系统分类，对学生们非常有帮助。学生们可以登录印第安纳大学网站，获取最新最完整的大学分类列表和大学信息。尽管大学种类多样，但本书的重点关注领域是授予学士学位及其以上学历的高校。

- **能够授予博士学位的大学**：这类高校可以授予包括博士学位和专业博士学位（医学博士或法学博士）在内的全部学历。在这类高校中，根据具体的科研活动比例，还可以进一步划分为三类学校：极高强度科研活动（R1）、高强度科研活动（R2）、博士/专业大学（R3）。

- **R1类型的学校一般都是大型的州立大学**：例如，密歇根大学（University of Michigan）、加利福尼亚大学伯克利分校（University of California, Berkeley）和俄勒冈大学（University of Oregon），以及许多著名的私立学校：哈佛大学（Harvard University）、杜兰大学（Tulane University）和波士顿学院（Boston College）。这类大学的教授都从事着非常尖端的科研创新型工作。在这一类学校中，本科生也有机会和老师一起参与科研活动。

- **能够授予硕士学位的大学**：这类大学可以授予本科及硕士学位，但能够授予的博士学位非常有限。例如，阿肯色理工大学（Arkansas Tech University）、俄亥俄州的阿什兰大学（Ashland University）、加利福尼亚大学长滩分校（California State University, Long Beach）、新泽西学院（The College of New Jersey）。

- **能够授予学士学位的大学**：这类大学以授予学士学位为主，因此在校生基本为本科生及少数研究生。这类大学多为小型的私立大学，以本科教育为教学重心。有些学校在校人数只有几百人，校内气氛非常亲密融洽。这类大学包括位于加利福尼亚州的波莫纳学院（Pomona College）、密苏里州的威廉·杰威尔学院（William Jewell College）和北卡罗来纳州的高点大学（High Point University）。很多大型公立大学的分校或附属校区也同属于这一类型的大学，比如散落在宾夕法尼亚州内的宾夕法尼亚州立大学各个分校。

- **大专院校**：这类学校多为社区公立大学，提供2年制大专学历。纳什维尔州立社区学院（Nashville State Community College）和马萨诸塞州的邦克山社区学院（Bunker Hill Community College）就是大专院校。通常，很大一部分大专院校毕业生会选择在毕业后转入4年制大学，完成专升本的学业。这类高校还包括专门为技术和特定职业（制造业、航空业、烹饪技术等）培养人才的学校，就如同我们说的职业学校，例如佐治亚州的亚特兰大技术学院（Atlanta Technical College）、弗吉尼亚州的潮水社区学院（Tidewater Community College）、加利福尼亚州的尤巴学院（Yuba

College）。

● **特殊院校**：这类学校一般为私立院校，旨在培养特定领域的人才，比如护理专业、商业、工程、艺术设计、法律等。这类院校提供2年制大专，4年制大学本科及研究生学历课程，例如伊利诺伊州的美国艺术学院（American Academy of Art）、全美各地的康科德职业学院（Concorde Career College）、纽约州的布鲁克林法学院（Brooklyn Law School）和得克萨斯州的烹饪学院（Culinary Institute）。

● **民族大学**：这类学校是美国印第安高等教育联盟的一部分，多坐落于印第安人居住区域，提供2年制以及4年制学位的大学，例如蒙大拿州的小大角学院（Little Big Horn College）、明尼苏达州的利奇湖民族学院（Leech Lake Tribal College）和华盛顿州的西北印第安学院（Northwest Indian College）。

除了卡内基教学促进基金会列举的以上分类，大学的类型还包括：

● 1964年以前成立的主要为非裔美国人提供教育服务的传统黑人大学，如佛罗里达农业机械大学（Florida Agricultural and Mechanical University –FAMU）、华盛顿霍华德大学（Howard University）等。

● 超过25%的校内学生为西班牙裔的西班牙裔学生服务机构，如迈阿密的佛罗里达国际大学（Florida International University）和休斯敦大学（University of Houston）。

还有很多大学，会把某一领域作为教学重点。如果学生们看到高校名称里出现技术（technical）或理工（polytechnic）字眼，那就可以确认该校是以理工科为重心。此类院校，大部分的教学重心都集中在STEM（科学、技术、工程、数学）领域。STEM领域的学校，教学内容更有针对性，学生也可以在学校获得更加全面的学习计划，深化自己对专业的理解。对于学生们来说，提前了解大学提供的专业以及每个专业的入学率，会给学生的择校提供便利。

学生们在选择学校的时候，不能只盯着名校去申请，而是全面分析到底哪所学校更适合自己。如果只追求学校的名气去择校，就很容易遭遇与下面这位名叫奥利维亚（Olivia）的学生一样的状况。

奥利维亚申请的大学专业是历史。在她申请的三所大学中，两所是她十拿九稳的学校，还有一所名校是她想冲击一下的学校。三所学校都给奥利维亚发了录取通知书，她毫不犹豫地选了名校。毕竟，身边所有人都羡慕她拿到了名校的录取通知。这让她自己也觉得面上有光。这所名校是以理工科见长，奥利维亚只是在申请时到学校官网浏览了一下，确定有她想学的历史专业，便申请了。但她对自己所学专业在这所学校的课程设置毫不了解，这也成了奥利维亚求学路上的隐患。果不其然，入学后，她发现自己的专业在校内并不受重视。不同学科之间，学校资源配比严重失衡。和重点学科相比，她所在的历史学科规模非常小。老师少、课程选择少，也没有任何客座讲师前来授课。要知道，在这座名校的重点专业中，经常都能请到行业里的顶尖人物来做讲座。教学资源的分布不均，导致奥利维亚可以接触到的历史学科知识面非常有限。同时，她在学校内也找不到和历史相关的学生社团活动。奥利维亚开始后悔自己为什么只考虑到了学校的名气，而对自己专业在校内的发展没做任何了解，就决定入学。

奥利维亚

可见，学校的名气，真的不能作为学生们选择学校时的唯一参考因素。

了解大学排名

学校的排名是学生们在申请时最先参考的因素。正如史蒂文·巴赫斯（Steven Bahls）在《信托》（*Trusteeship*）杂志中所写的那样：

> 美国人喜欢排名，因为它够简单明了。大学排名一直是衡量高校表现的重要指标。在不同程度上，高校排名为学生们的择校提供了有效的指导。

近年来，大学排名的影响力越来越大。无论是立法机构、媒体、校方，还是学校相关投资人，都会时刻关注大学排名的变化，并针对学校的排名进行奖惩。

在美国，当你听到别人说"某所学校全美排名前二十"或者"某所学校是全美前一百名的公立大学"，这里的排名通常是指《美国新闻与世界报道》（*U.S. News & World Report*）发布的大学排名榜单。这份在美国本土最受推崇的榜单，专注于衡量不同高校本科教育的质量。截至2021年，该榜单的排名算法由以下七大因素构成：

- **学术声誉**：榜单会请全美数百所高校的领导为其他高校本科教学质量在1~5之间进行打分。1分最差，5分优秀。
- **教师资源**：包括教职员工工资水平、教职员工和学生比例以及班级规模。
- **学生的留校率及毕业率**：《美国新闻与世界报道》会提前预测大学表现，并将最终的留校率和毕业率与预期进行对比。
- **校友捐赠率**：这一数据可以反映毕业生是否满意在校经历，是否对母校有深厚感情。

- **支出**：学校每年在教学上的支出比例。
- **毕业生学生贷款金额**：衡量学生平均贷款金额以及申请学生贷款的比例。
- **录取学生质量**：衡量新生的SAT/ACT成绩以及在高中时期的学习表现（有多少人排在年级前10%）。

放眼国际，最著名的两大高校排名榜单来自QS（QS Ranking）和《泰晤士高等教育》（*Times Higher Education*）。虽然从榜单形式上看，这两大榜单与《美国新闻与世界报道》（*U.S. News & World Report*）的榜单很相似，但每个榜单的衡量因素也各有差异。QS排名和《泰晤士高等教育》排名关注全球高校表现，并且会衡量每所高校的留学生以及外籍教师的比例。QS排名还会对学校的教职员工以及世界各地的雇主进行调研，从而评估学校的声誉。同时，QS排名对学校的科研产出非常看重。

毕业率及学生毕业后的差距

在之前我们说过，美国高校非常重视大学毕业率这一数据。但你知道美国高校的大学毕业率是如何衡量出来的吗？美国大学的毕业率只参考夏季或秋季入学的全职学生的毕业表现。这也就意味着，这些新生基本上都是第一次上大学或第一次成为全职大学生。而转校生、春季学期入学的学生以及非全职学生的数据都不会纳入毕业率的参考。

面对毕业率的算法，美国高校自然会更加谨慎地选择哪些学生可以在夏季或秋季入学。所以有学校会不录取标化考试分数较低，或无法顺利毕业的风险较高的学生，甚至投机取巧地将一些他们认为条件一般的学生进行延迟录取，春季学期再入学，以避免影响学校的毕业率数据表现。

如果一名学生决定在中途转学，到另一所高校完成学业，也会给之前的学校毕业率数据带来负面影响：比如一名就读于4年制大学的学生，在第二年转学去了另外一所大学。那么这名学生在原学校就会被认定为"未毕业"，从而降低原学校的毕业率。在《美国新闻与世界报道》等排名系统中，所有毕业率数据参考的时间范围不是入学后4年，而是入学后6年学生是否能顺利毕业。因此当学生们看到一所学校的毕业率是70%时，这意味着70%在夏季或秋季首次入学的大学生可以在6年内完成大学学业。

这些关于美国高校毕业率的"小心机"，对学生们的择校有很大的影响。学生和家长希望得到的是全面的数据，而不是被条件限定的数据，更不是时间段不清晰的数据。对此，美国的一些州和教育类的媒体开始对高校4年内毕业率、转学率以及春季入学学生的毕业率数据进行统计。

影响毕业率的因素

衡量一所高校能否培养学生成功的重要指标之一，就是其大学实际毕业率能否达到预期数值。2019年，《纽约时报》(New York Times)采用了大学学生群体的几个常见变量，对学校的预期毕业率进行调研。调研结果显示，学生群体多来自富裕家庭，或SAT以及ACT成绩高的高校，其预期毕业率（超过80%）远超学生群体多来自弱势群体或学生入学成绩较低的高校（预期毕业率低至40%）。

有些高校的实际毕业率远超预期数据，这些学校通常都建立了高效率的校内生态系统来促进学生成功。在《纽约时报》的分析中我们看到，加利福尼亚州的拉凡纳大学（University of La Verne）预期毕业率仅为53%，而实际毕业率高达74%。校内生态系统不利于学生取得成功的高校，其毕业率自然偏低，甚至低于预期数据。

　　不同的学生群体之间，毕业率也有差距。如果学生的家境不好，或来自弱势群体，其毕业率相对会较低。如果学生是家里第一个上大学的（第一代大学生），其毕业率也会低于其他人。这些反映出，学校还没能找出方法对所有的学生提供有效的帮助，解决他们在校时期经济、学术及个人生活中遇到的问题。而当学校缺乏与学生的互动，不能给学生建立起紧密有效的学生群体时，学生也会更倾向于中途退学。

　　当然，也有大学在消除不同学生群体间毕业率的差异方面做得很好，比如位于亚特兰大的佐治亚州立大学（Georgia State University）。该大学在消除低收入家庭与高收入家庭学生毕业率差距上做出的努力，享誉全美。当学生们入学后，佐治亚大学会立刻建立起高效成熟的学生生态系统，在帮助学生们适应大学环境的同时，及时发现生活学习中的问题。面对学生在校期间产生的问题，学校也能积极应对，给予包括经济援助在内的各种干预与支持，帮助学生们顺利度过大学期间的困难。佐治亚大学的成功证明了学生的背景并不能决定他们的命运。每个学生都有成功毕业，并顺利迈出校园的可能性。

　　我们在前面的内容中介绍过，在《美国新闻与世界报道》等排名系统中，所有毕业率数据参考的时间范围不是入学后4年，而是入学后6年学生是否能顺利毕业。因此，学生们并不能从学校对外宣称的毕业率中获知该数据是基于6年的时间跨度还是4年的。同时，不同的专业，因为其课程设置不同，平均毕业时间也不同，比如STEM相关科目所需的毕业时间，平均会比其他专业要长一些。

对于专升本的学生来说，其毕业率和毕业时间同样有很大的差异。理想状态是2年大专毕业后转入本科，再2年后拿到本科学历。然而现实中，能做到4年完成专科以及本科学历的人并不多。大多数学生在完成2年专科学历后，需要再花3~4年甚至更长的时间拿到本科学历。而有的学生，还会面临专升本的失败。每年有30%的专科毕业生会选择专升本，而在这其中只有44%的学生能够在6年内顺利获得本科学历。因此，当学生们在评估学校时，关于毕业率以及毕业时间这一数据，一定要多方考量，了解实际情况后再做判断。

除了毕业率的差距，学生们毕业后的工作生活更是千差万别。有人成功，有人失败，有人顺利，有人一路挣扎。这其中，大学扮演什么样的角色？又应该为学生们毕业后的表现设立怎样的目标呢？很多美国的州政府都会对学生毕业后薪酬表现好的高校进行奖励。那么大学培养学生的目的是毕业后都能拿到高薪吗？

毕业后学生的成功，又是否能仅用薪酬这个单一维度来衡量呢？华尔街的金融精英和兢兢业业的学校老师，其薪酬差距数十倍，我们难道说桃李满天下的老师不成功吗？而当毕业生决定回归家庭，成为全职妈妈、爸爸，难道说他们为家庭所做的事情就没有价值了吗？结果当然是否定的。对于学生的成功，是不能用单一标准来衡量的。而大学应该做的，就是为学生们在实现梦想、实现自我价值的路上提供支持和帮助。

录取率越低，学校真的就越好吗？

你会不会认为，一所学校的录取率越低、越难进，说明这所学校越好呢？实际上，录取率早就不再是《美国新闻与世界报道》等排名机构会参考的因素了。因为录取率是可以被学校轻易"操控"的，并不能客观反映学校的真正实力。学校通常"操控"录取率的手段包括用免申请费的营销手段来增加学生申请的数量，或人为减少大一新生录取人数从而降低录取率等。低录取率可能会被一些学生认为是学校"身份地位"的象征，但同时，也会打击一部分学生，尤其是第一代大学生的申请热情，因为他们可能认为自己不会被录取。最重要的是，录取率本身并不能预测你在大学取得成功的可能性。换言之，一所只录取极少申请者的大学，并不能保证每个学生的成功。

那么，录取竞争激烈的学校对学生的长期发展是否有积极影响呢？一项关于学生毕业后长期发展的研究显示，学生在学习、工作、生活上的长期发展以及幸福指数与大学录取的竞争激烈程度并无直接关系。虽然录取竞争激烈，学生家庭背景富裕且对入学成绩要求高的学校，毕业率确实会相对较高，但这并不能说明选择录取竞争较小的学校就读对学生的长期发展有实际影响。甚至有研究表明，同样背景的学生，选择去录取率低的大学和选择去录取竞争相对不太激烈的大学就读的，学生的发展轨迹和对自我发展的认可程度，以及对日后就业的工作满意度，其实是相似的。

不过一项研究成果表示，一些录取率低的大学，学生们毕业后的工资会相对较高。尤其是家里的第一代大学生，非常有可能通过上大学，改善自己和家庭的经济状况。当然，每所学校的不同学院、专业之间的薪资差异各不相同。透过现象看本质，录取率并不是决定这一现象的关键因素。那到底是什么因素对学生们在大学中获取成功起了决定作用呢？研究结果显示，在大学生活中，无论是在学业，还是校内活动，或课外实习项目上参与度高的学生，通常会有更大的机会取得成功。且大学的成功也会对他们的未来发展产生深远的影响。简言之，你在大学里做什么，比你上哪个大学更重要。当然，如果学生们想把大学生活体验最大化，光有一腔参与热情是远远不够的。来自校方提供的机会、支持与引导，也是促进学生们充分体验大学生活，积极参与校内活动的重要因素。

在本书后面的内容中，我们也会介绍什么样的大学有利于提高学生们的参与度。

关注排名的两面性

任何事物都有两面性，大学排名也不例外。多年以来，一直都有反对者称，以《美国新闻与世界报道》为例的大学排名并不能完整地反映学生的在校经历和学校的质量。这些排名更多的是服务于常春藤联盟大学，或同等拥有大量资源的高校，用来保持学校的声誉。

关于排名的负面声音，多来自两方面：

- 不同阶层的学生面对录取竞争激烈的名校没有公平竞争的机会；
- 面对大学排名，高校的压力不断增加。

对于竞争激烈的名校，学校会倾向于录取成绩好、没有毕业"风险"的学生，从而保证自己的声誉。而成绩一般，毕业"有风险"的学生，大多来自低收入家庭和弱势群体。要知道，想在 SAT 和 ACT 考试中取得好成绩，家庭在物质上的投入是很重要的。学校严重依赖标准化考试成绩的直接结果就是让没有钱补习、没有钱一遍遍参加考试并取得好成绩的学生没有机会进入名校。

美国的教育界也一直在努力，试图消除这一教育不公平现象。《华盛顿月刊》（*Washington Monthly*）和美国财经杂志《基普林格》（*Kiplinger*）都在自己的排名算法里，将学校对促进教育公平做出的努力算作重要的参考因素。

现有的大学排名层出不穷，不仅有学校排名，也开始有越来越多的专业学科如工程、商科和教育等的排名所公布的美国性价比最高的公立大学排名。而在专业学科排名的算法上，不同的排名，其背后的算法各不相同。一些排名全部是基于某个领域的佼佼者的观点调查得出的，这些观点会直接给某个历史悠久的项目带来特权，但不一定可评估大学的实际表现。而对于一些小规模专业，如艺术领域里的电影、戏剧和舞蹈专业，专业排名更是很难去界定排名标准。

这不仅使学生们在参考排名时要多做功课，也给高校带来了很大的压力。如何在有限的空间和预算下去平衡排名、学校声誉以及学生质量之间的关系，成了大学管理者普遍面临的难题。尤其是公立大学，要在为广大民众提供入学机会的同时，打造一个成绩优异、毕业率高的学生群体。

归根结底，完美的排名是不存在的。然而，排名的存在对学生们择校的过程也是有指导性意义的。学生们应该在有主见的同时，把大学排名当作参考因素，结合自身的情况，辩证地看待排名对自己申请学校的作用。正如《美国新闻与世界报道》所说："排名是一个开始，而不是答案。对于面临升学的学生们来说，合理使用排名，把它当作帮助自己的工具。"这才是排名最大的意义。

美国大学相关数据信息获取渠道

学生们在申请学校之前，首先要确认学校的资质是否被官方认证。认证过的高校，意味着教学质量被官方认可。同时，只有被认证的高校才可以获得联邦政府给予的支持。在美国，常见的拥有联邦政府授予的认证资质的组织包括南方大学协会（Southern Association of Colleges and Schools）和西方大学协会（Western Association of Schools and Colleges）。大学里的一些个别学术项目，也可以通过诸如工程技术认证委员会（Accreditation Board for Engineering and Technology，ABET）或高等商学院协会（Advance Collegiate Schools of Business，ACSB）等组织获得认证。认证虽然很重要，但获得认证并不意味着高质量。在了解学校认证情况的前提下，本书将进一步带大家探索，如何从不同维度评估大学的真正实力。

想了解一所学校，那么能够获取关于学校的真实有效信息是非常重要的。学生们可以从何种渠道获得这些信息和数据呢？主要渠道有以下几种。

全国性学生调研结果

在美国，知名度比较高的全国性学生调查包括全国学生参与度调研（National Survey of Student Engagement）和准毕业生调研（College Senior Survey）。这些调查，主要评估学生们在大学里参加的活动，比如与教授和同学间的交流，以及对学习和成长的看法。虽然这些调查的数据不会公开发布，但有些学校会在招生材料中分享相关数据，学生们在申请时也可以主动向学校询问相关数据结构。此外，大学可能会对本校学生或校友进行调研，以评估大学经历对他们产生的长期影响。大学经常会公布这类调查结果。

联邦政府统计数据

学生们可以登录美国国家教育统计中心（The National Center for Education Statistics）旗下的"大学导航（College Navigator）"网站获取由联邦政府统计的高校数据。在该网站上，学生们可以找到包括高校课程设置、招生简章、学费要求以及经济援助在内的全部信息。同时，学生们还可以在网站上查到不同性别、种族以及不同家庭收入背景的学生在学校的毕业率。如果学生们想了解高校毕业生的薪资水平，也可以登录大学打分网查询。

学生成就评估网

学生成就评估网（Student Achievement Measure，SAM）是由美国公立与赠地大学协会（Association of Public and Land-grant Universities）管理的，专门用于填补联邦政府以及全国性学生调研毕业率数据空缺的网站。

在学生成就评估网上，学生们不仅能看到学校的传统毕业率数据，也能看到学生转学后，在新学校毕业率的数据。大学每年转学生的人数在 SAM 网站上是公开可查询的数据。然而，SAM 并没有包含学生转学的原因。出于这些原因，一些观察家认为 SAM 不太准确，但它对了解一所大学全貌来说还是一个很有用的工具。因为 SAM 网站的毕业率数据包容性更高，因此一般也比传统网站上的其他渠道查询到的毕业率数据要高。

州立高等院校教育系统

除了参考联邦政府数据，学生们在申请学校时，尤其是申请州立大学时，还可以参考州立院校教育系统发布的数据。例如，加利福尼亚大学系统（University of California）及佛罗里达州立大学系统（State University System of Florida）都提供了有关大学表现、学生成绩以及学生校内活动等重要数据。同时，在这些教育系统网站上，学生们还有机会了解到更详细的毕业生发展数据。比如在加利福尼亚大学系统中，学生们就可以查到校友的职业发展情况。这对学生们了解学校毕业生在社会中的发展现状提供了有效帮助。

查询学校官网或在 CDS 上了解具体学校

如果学生们已经有了心仪的学校名单，那么可以通过直接询问或查询该校官网的方式了解到相关信息。同时，学生们在申请学校时还有一样"秘密武器"——CDS（Common Data Set）。CDS 会从各大高校官方统计数据，并以表格的形式详尽地为学生们介绍包括录取率、毕业率、学费明细、奖学金、师生比例等在内的全部数据。需要一提的是 CDS 的数据来源都是由高校官方提供，因此和各类排行榜相比，数据更客观公正。当然，如果你愿意的话，可以向《美国新闻与世界报道》和其他机构付费，以获取更多有关大学排名的数据和评估标准。

总而言之，当学生们获取了学校的相关数据信息后，一定要带着辩证的思维去研究分析。以毕业率来说，学生们不仅要对比不同学校的毕业率，也要在学校内部对比不同学生群体的毕业率：家庭收入背景不同的学生毕业率是否有差异？从两年制大专转入本科，这两所学校的毕业率分别是多少？专升本的转学生毕业率又是多少？只有多思考、多探究，学生们才能发现学校是否适合自己的发展。

当然，了解是一个循序渐进的过程。本书会引导并教会学生如何一步步去探究、挖掘有价值的学校数据。

---

3 个了解学校的基本问题

1. 该校学生按时毕业的比例为多少？
2. 不同学生群体或不同专业毕业率是否存在差别？如果有，差别是多大？
3. 学生毕业后的发展前景如何？

衡量大学表现的评估标准

级别	评估指标
优秀	大学 4 年和 6 年的毕业率均表现抢眼，超过预期。不同学生群体之间的毕业率几乎没有差异；学生毕业后无论是继续求学或就业都有很好的表现；学生们表示在大学得到了充分的自我提升
良好	大学 4 年和 6 年的毕业率超过全国平均水平，也超过预期毕业率。不同学生群体之间的毕业率存在细微差别；学生毕业后无论是继续求学或就业都有较好发展，但毕业后学生发展有两极化趋势
中等	大学毕业率和全国平均水平以及预测毕业率持平，不同学生群体、不同专业以及毕业后的表现都有差异；学生对大学体验褒贬不一
一般	大学毕业率低于全国平均水平，也低于预测毕业率；不同学生群体、不同专业及毕业后的表现，存在很大差异
较差	大学 4 年和 6 年毕业率都很低，不同学生群体之间毕业率差异大，尤其体现在弱势学生群体，毕业后学生的发展差异也很大；很大比例的学生表示在大学中收获的学习效果和个人成长都极其有限

第二部分
如何在大学学业中取得好成绩

学习的过程，总会遇到不同的新问题。

你真的会学习吗？

你真的会选专业吗？

什么样的课程才是好课程？而你又应该选择哪些课程呢？

课堂规模对学生的学习是否有影响？

选修的课程数量和学习效果是否有关联？

校内资源该如何合理运用？

与导师的关系又应该怎么处理？

什么是不定专业？

弱势群体的学生又能在校内获得哪些支持呢？

第三章

大学课程设置

课程的选择对成功有着至关重要的影响

你真的知道如何选择大学专业和课程吗？你知道该如何操作学校的选课系统吗？工业工程、机械工程、生物工程，这三个都是工程专业，但有什么区别？英语文学、英文编辑、英文创意写作，这三个文学相关专业，哪个更适合热爱文学的你？而在选课的时候，你可能会产生更多困惑。到底该上哪些课？为什么有的课程上百人可以同时注册，有的却只开放有限的几十个名额？为什么有的课程只能在线上，而有的却要求学生们以线下小组合作的形式完成？为什么有的课一年只开一次？在这么多问题中，你该怎么理解眼花缭乱的课程设置，又该怎么选择呢？

教学是最具影响力的活动之一，方法得当，教学活动可以激发学生的无限潜能。学习可以改变人的思考模式，培养新的技能和观点，加强学生全面分析及解决问题的能力，完善自己的价值观和世界观。当学生们走进大学，大学课堂是影响、培养学生技能，塑造学生价值观的重要场所。大学课程的设置和课堂授课形式是否能够激发学生的潜能，也是影响学生取得成功的关键因素。

作为大学生涯的核心，课程的设置应该满足学生们个人成长的各方面需求。不同的课程设置、不同的授课方式对教学质量以及学生个人的影响是千差万别的。

作为学生在大学期间学习和成长的重要支持，课程设置是大学教学活动的核心。学校希望培养什么样的人才？希望学生们在校期间学到些什么？毕业后选择什么样的发展道路？这些都取决于在校期间的课程设置。

学生如果想顺利毕业，就要完成学校要求的课程。但不是所有完成课程、取得毕业的学生都能获得成功。学生的成功取决于学校的课程设置、教学质量及教学方式，学生在学习过程中所做出的规划与决定等诸多因素，但凡有一方面的因素考虑不周或管理不善，就会对学生的成长及进步造成不良影响，甚至导致学生无法顺利毕业，耽误学生的长远发展。

在本章，我们所关注的重点就是为学生们在评估大学课程设置时提供有效的帮助。

培养成长型学习思维

真正的学习不是死记硬背，而是通过学习知识，去独立思考、建立观念、创造价值。学习需要主观能动性。俗话说得好，活到老，学到老。学习应该成为一种习惯，贯穿我们的人生。当我们面对新的环境、发现新的兴趣、从事新的工作或建立新的关系时，都是学习的机会。

对于大学生们来说，带着主观能动性去学习，可以融会贯通课内外学习经历的思维模式，便是我们所说的成长型学习思维。

拥有成长型学习思维的人都知道，人的智力是可以通过后天努力改变的，每个人都有学习和发展的空间。比如在数学领域的学习中，我们经常听到有人说："我天生数学就不好。"从成长型学习思维的角度出发，没有绝对的"无可救药"，只要付出了努力，无论学生们是否能正确解答数学题，都已经获得进步。因为他们已经调动了自己的主观能动性，去探索、拓展自己的能力，发掘自己在数学领域的潜能。

成长型学习思维既可以帮助学生们走出舒适圈，使其敢于承担风险，敢于试错，在大学中积极探索自己的潜能；又可以提高学生的在校表现，缩小不同学生之间成功的差距。得克萨斯大学奥斯汀分校（University of Texas at Austin）在培养大学新生的成长型学习思维上就颇有心得。所有入学新生，都有机会向学长学姐们取经。通过学长学姐们对个人经历的分享，克服他们对进入大学面对全新挑战的恐惧。同时，也能让大学新生们更好地去主动规划自己的大学生活，不会因为一点小事，比如成绩不好或与同学发生矛盾而意志消沉，偏离自己的发展轨道。

虽说思维的培养需要的是学生的主观能动性。然而，称职的以学生成功为导向的大学，应该引导学生培养成长型学习思维。

一门好课是什么样的？

在美国的青春影片中，大学课堂的标准配置为：超大的阶梯教室，教授站在讲台前授课，学生们在下面忙着做笔记。这么多年都没有变过。这种传统的大学授课模式，学生只是被动地听教授讲课，被称之为"以老师为核心的授课方式"。

"以老师为核心的授课方式"之所以会普遍出现，主要是因为大多数授课者都是在这种教育模式中成长起来的。这些授课者并没有经历过其他的授课模式，也没有接受过其他授课模式的培训。然而，随着教育理念的不断发展，这种"以老师为核心的授课方式"也越来越多地被教育专家们所诟病。有些采用传统授课理念的老师认为，让课程保持低通过率，刷掉他们认为不符合条件的学生，是保持教学严谨性和老师威严的有效手段。以大一课程为例，高等数学等一些理科课程，会出现高达 1/3 的学生挂科。而挂科的学生又多来自弱势群体。不知道面对这样的课程，你会怎么想？是认为老师教学严谨，还是会质疑该课程的设计有问题呢？

我们接触过一名叫艾玛（Emma）的大三学生，她在大一入学时主修的是大家口中非常"魔鬼"的工程专业。艾玛在大二时开始上专业课，她对我们说，她上完专业课之后的第一感觉是"这课似乎就是为了让我们挂科而设计的"。艾玛遇到的教授并没有考虑这些刚接触专业课的学生是否能够听懂行业术语，也从不与学生们互动，给学生们答疑。在考试时，教授所考的题目和课上讲授的知识毫不相关。学生们就算再努力去理解课上的内容，也没有办法在测验中取得好成绩。面对挂科，艾玛首先质疑的是自己的能力。是不是自己不够聪明？是不是自己不适合这个专业？在艾玛不断的自我怀疑下，她决定从工程专业退学，一时间，规划好的前途变得一片渺茫。

艾玛的个人经历，便是"以老师为中心的授课方式"造成的悲剧。在这种传统授课方式下，不仅不利于激发学生们的个人潜能，还会加剧教育不公平现象的发生。在同一门课程里，学生的水平往往参差不齐，很多情况下，这种差距都源自学生的出身背景差异。比如家庭背景好的学生，能接触到的教育资源也相对充足，摆在他们面前的发展机会就会

艾玛

更多。而来自低收入家庭或弱势群体家庭的学生，则只能在进入大学前接触到有限的书本知识。这便导致学生们在入学时便不能站在统一的起跑线上。正如苏皮亚诺（Supiano）所说："大学生并不是一张白纸。他们已经花了很多年接受良好的或者糟糕的教育。他们在生活中也经历了来自成年人的鼓励与打击。不同的出身，既让一些学生充满自信，相信世界是属于自己的，也让一部分学生一直活在自我怀疑当中。"

奇克林（Chickerting）和加姆森（Gamson）提出："学习不应该是授课者单向输出知识。学生们必须参与到授课过程中，从聆听者变成参与者，将课上所学变成自己能驾驭的知识和技能，并运用到日常生活中。"

当下，教育界推崇的是"以学生为核心的授课方式"。大学以及在校任教的老师们都应该像"工程师"一样，把为学生们创造好的学习条件变成自己的责任。这种授课方式跟传统的"以老师为核心的授课方式"相比，能够更好地调动学生的积极性，使学生产生更好的学习效果。

在过去的几十年里，美国高校纷纷做出不同的尝试，为学生们提供更好的在校体验。通过调研，我们发现，一门好的课程通常包含以下5大要素：

1. 采用"以学生为核心的授课方式"

"以学生为核心的授课方式"意味着授课者将课程的重点放到学生身上。这种教学方式，采用主动而非被动的学习策略，关注调动学生们的积极性，让学生们主动愿意参与课堂互动，而不是被动输入老师传授的课堂内容。小组合作和项目式学习是"以学生为核心的授课方式"经常会采用的教学模式。通过学生们互相讨论，分享观点，从而掌握课堂知识。通常，课堂中的小组活动会有助教来引导帮助大家，而这些助教也多由受过培训的本科生或研究生来担任。

在调研中，有些学生表示他们更喜欢传统的授课模式。因为老师一节课可以输出的内容更多，学生觉得自己既能学到知识，又不用被迫参与课堂互动。而采取主动学习的方式时，学生们不得不发挥主观能动性，自己查缺补漏。虽然采取主动学习的方式可能会让学生感觉自己并没有吸取很多新的知识，但研究结果表明，采取主动学习方式的学生，其学术表现和实际学习水平都要明显更好一些。同时，主动学习方式还能更好地把学生们从舒适圈中推出来，让他们在大学中充分体验全新的知识领域。

"以学生为核心的授课方式"对大一、大二学生在学习入门课程时十分重要。大学的头两年，学生们会学习如"生物101"（Biology 101）这样的专业基础必修课程。这些课程不仅能让学生们迅速了解一门学科，还会为未来深入学习该学科做好知识积累。对于学习科学、技术、工程和数学（STEM）专业的学生们，如果能在大学前两年培养主动学习的习惯，会给他们带来长远的积极影响。如今的普遍现象是，STEM专业的初期必修课程，授课者采取"以教师为核心的授课方式"，很少与学生互动。这就常常会导致学生们，尤其是来自弱势群体的学生们跟不上老师的授课节奏，无法取得好成绩。研究表明，不采用主动学习方式的STEM专业的学生，其挂科率要比采用主动学习方式的学生高1.5倍。

对于每个专业的学生来说，在入学初期的基础课程中取得成功是非常重要的。这不仅能让学生们更自信地投入到后续的课程中，还能加强其基础技能，确保他们在之后的学习中有更好的表现。

2. 有清晰的教学大纲

一门好的课程需要拥有清晰的教学大纲，罗列出学生们在完成这门课程后的具体收获：

- 这门课程可以让学生们学到什么？
- 如何衡量学生们的学习成果？
- 学生们通过何种方式展示他们的所学成果？

课程设计上，大学老师要以实现教学大纲中提到的目标和成果为基本出发点，帮助学生将每门课所学的知识融会贯通，为学生在大学取得成功打下基础。

3. 创造包容的课堂氛围

包容的课堂氛围可以提高学生的课堂参与度，帮助他们开拓思维，更好地完成学业。佛罗里达州立大学教学发展中心（Center for the Advancement of Teaching，CAT）为促进包容的课堂氛围，特意告知每一位在校老师："人类是社会性哺乳动物，社会和情感环境对人类的学习能力有很大的影响。受欢迎和被尊重的环境会使我们乐于接受新的事物，因为这样的环境可以给我们足够的安全感去激发、拓展认知能力。而当我们在环境中感受到威胁、疏远和焦虑时，我们的认知力和好奇心就会被削弱。"

紧张严肃的课堂气氛不利于学生学习（高等教育中称之为"课堂冷气氛"），这种负面影响在弱势群体学生身上尤为明显，比如学习STEM专业的女生，或在以白人学生为主体的大学中学习的有色族裔学生。

因此，在访问学校时，别忘了去提前了解学校的教学风格和课堂气氛。你肯定希望自己最终选择的学校是以学生的需求为导向的，师生之间的互动友好、顺畅且及时的。学生们无须大费周章便能找到老师为他们答疑解惑。老师甚至会提前到达教室或者课后在教室停留，与学生交流并回答学生的问题。

同时，学生能够在课堂中感受到老师的教学热情也是非常重要的。研究表明，当授课者充满热情时，他们可以带动学生的积极性，激发学生的学习潜力，达到更好的学习效果。授课者能够考虑到学生群体的多元性，注意营造包容的课堂氛围，也能有效提高学生的参与热情。当不同背景的学生可以感受到来自老师的尊重时，大家会更愿意参与到课程中，从而取得好的成绩。

4. 老师对学生有清晰的预期

好的老师不仅会为学生制定清晰的目标，还会运用成长型教学思维来帮助学生达到目标。成长型教学思维，即老师相信所有学生，无论他们的出身以及家庭背景如何，都可以通过课程学习，提高自己的学习能力。研究显示，学生们在这样的教学思维影响下，通常会有更好的学术表现。具体表现包括老师们对学生更有耐心，给予更多的鼓励，从而使学生们在课堂中获得自信，愿意接受挑战，并参与课堂互动。

查理（Charlie）正在上一门充满挑战的生物化学伦理课，课程内容远超他习惯的舒适圈。面对老师留的作业：写一篇分析型论文来探讨生物化学伦理领域在过去几十年间的演变，查理感到很焦虑。他并没有信心完成这项作业，更没有信心取得好的成绩。在作业截止日期前两星期，老师专门在课上花时间和学生们一起梳理了作业的具体要求，带着学生们一起从课程大纲里找出具体的作业要求，并对每条要求一一分析梳理，这使学生们对老师的期望有了非常清晰的理解。同时，老师表达了对学生们的能力很有信心，并强调截止到目前学生们在该门课程中都有非常好的表现。听了老师的梳理，查理顿时觉得踏实了，对自己也有了更多的信心。在完成作业的过程中，他不断提醒自己回顾老师在课堂上的内容梳理，确保作业内容符合老师的要求。

查理

5. 老师定期给学生反馈，并听取学生们的意见

在《学习是如何发生的》（*How Learning Works*）一书中，作者苏珊·安布罗斯（Susan Ambrose）提出学习是"目标导向型实践和有针对性反馈的结合"。"有效反馈"不仅能让学生们看到距离既定目标还有哪些进步空间，还能让学生们充分利用反馈信息获取进步。不及时的反馈会耽误学生蜕变和影响学生进步的节奏。例如，当老师希望营造一种成长型氛围时，会多花时间单独与学生讨论，对论文和学生的学习表现给予详细反馈，而不是只给学生们打个分数。另外，老师也可以在课堂上花时间复习常见的考试错题，以填补学生学习上的缺口。

研究表明，拥有多样化背景的授课老师，能给学生们带来更加丰富的课堂体验，从而促进学生们取得学业成功。同时，背景多元化的教师，也能让学生们增强对学校的归属感。因此，在评估一所大学的时候，教师群体是否多元化也是学生们需要参考的重要因素。

所有坚持循证教学方法的老师，都有能力帮助学生们取得学业进步。学校和老师应该把自己视作学生在求学道路上的伙伴。合理的课程设计、有效的支持和互动，可以帮助学生在求学路上更容易获得成功。

课程元素：测试、小组项目等

现在我们对如何衡量一门好的课程有了基本了解，下一步来看一下课程中的常见组成部分及其作用。

首先我们来看考试和测验。无论采取何种教学方式，教授们都需要对学生们的学习状况进行评估。常见的评估方式除了考试外，也包括论文、小组项目、专题研究、演讲等。无论采用何种形式，精心设计的测试内容可以充分体现学生们对课程内容的掌握程度。有些学校习惯于依赖一次的考试成绩来衡量学生在这门课的表现，这不仅会加剧学生的焦虑，也会让学生无法及时查缺补漏，反馈自己在学习中遇到的问题。而当学校采用频繁小测的方式对其进行评估时，不仅可以让学生保持良好的学习状态，及时查漏补缺，还会让学生们在面对考试的时候保持良好的心态。因为就算在一次小测中没有表现好也不会对总成绩造成过大影响，只要学生继续努力，在之后的测试中有好的成绩，仍旧可以在该门课程中被评定为优秀。

　　大学中的写作课程对学生的个人发展至关重要，优秀的写作能力可以显著促进学生的学习、成长和学术表现。系统的写作训练和及时的反馈指导，对老师的时间精力成本要求过高，因此很多大学的课程中，写作的作业的比例都比较低。学生们在择校的时候也可以关注一下，哪些学校会注重写作能力的培训。通常这些学校会对学生的全面发展投入更大的精力。

　　在大学中，学生们还会遇到很多需要分组合作完成的项目。团队合作任务可以帮助学生们实现两大目标：学会和他人一起共事，共同解决问题；同时，通过倾听他人见解，拓宽自己的视野，提升自己的认知。通过团队合作，学生们还可以发展自己的社交网络，结实新的朋友。这对学生在进入大学后的心理健康有积极的作用。团队合作能力不仅对学生在大学内的个人发展和个人成功起着重要作用，之后走入职场，这也是被雇主看重的能力之一。

　　那么，现实中一门设计优秀的课程，到底应该是怎样的呢？伍斯特理工学院（Worcester Polytechnic Institute）的"重大问题研讨会"（Great Problems Seminar）课程便是一个很好的现实案例。这门针对大一学生开设的课程，要求学生们选择现实生活中的重大社会问题，如以食物的可持续发展或人口增长压力所带来的一系列问题为出发点，提出自己的想法和解决方案。授课老师给学生设定了清晰的目标，并鼓励引导大家积极发挥自己的创造力，从而让每一个学生都能充分参与到项目当中。学生们会通过个人或小组的形式进行演讲，展示自己所关注的社会问题的调研结果并提出解决办法。该课程将课堂学习与实际应用相结合，每一位学生在最终展示的成果中都能为解决这些社会问题提供现实价值。根据调查显示，所有上过这门课的学生都感到身上被赋予了使命感，认为自己有能力为这个世界的积极变革贡献力量。

每学期应该上几门课？

多年来，在刚刚入学时，大学新生都被告知，每学期所修课程最好不要超过12学分，即4门课程。以便能够有足够的时间去适应大学生活。根据美国教育部的规定，全日制学生每学期最低学分要求便是修满12学分，只有满足这个条件的学生才有资格申请经济补助。因此，一学期修12学分也被认为是学生的基础课业负担。但对于学生的成功来说，到底一个学期修几门课程才能拥有最好的学习表现呢？

研究发现，每学期修满15学分以上的大学新生，无论他们是何出身背景和家庭收入水平，或高中成绩如何，都拥有更高的留校率和更好的学业表现。研究同时发现，从入学起便选择每学期修够15学分或完成更多课程的学生，在之后的学期中也能继续承担同样的课业负担。相反的，如果一开始就选择每学期只修最基本的12学分，那么在之后的学期中，也不太可能会增加自己的课业负担。这意味着，这些学生或许无法在4年内顺利毕业。

为什么上更多课程，学业负担越重的学生，却能有更好的表现呢？首先，繁忙的学业可以为学生营造沉浸式的高效学习环境。学生在完成课业之余，不会有太多的自由时间去支配或胡思乱想，这反而能更好地帮助他们快速适应大学生活。要知道，跟高中相比，大学的氛围要宽松很多，如果学生们可支配的时间过多，经常会导致学业荒废。其次，我们可以来做一下计算：美国高校对取得学士学位的标准学分要求是 120 学分，先不考虑暑假课程或学生们在高中取得的大学学分，大学四年 8 个学期，如果学生每个学期修 15 学分，那么刚好可以在 4 年内完成大学本科学业。但如果学生每学期修 12 学分，4 年后，学生要毕业取得学位还需要再修 24 学分。而我们在之前的章节中也介绍过，学生用越久的时间完成大学学业，就会承担越高的生活成本，脱离计划好的发展轨迹的概率也越高。

为了纠正学生对每学期修 12 学分的"执念"，很多美国高校也开始在校内举办信息分享活动，鼓励学生每学期修够 15 学分或每学年修够 30 学分，从而保证在 4 年内顺利毕业。夏威夷大学（University of Hawaii）推出了"15 学分顺利毕业"活动，用来宣传每学期修 15 学分对顺利毕业的重要意义。还有很多美国高校直接给选择多修学分的学生物质奖励：比如选了超出 12 学分以上的课程，便不需要交额外的学费；或为多修学分的学生提供额外的资助，比如加利福尼亚社区学院的"学生成功完成补助金"（Student Success Completion Grant）以及"新墨西哥立法福利奖学金"（New Mexico Legislative Lottery Scholarship）等。

当然，学分也不是修得越多越好的。大多数美国高校会限制学生们每学期修超过 18 学分（即 6 门课）。如果学生想修更多学分，需要得到所属学院的特别批准。还有一些大学新生，初出茅庐便选了比较高阶的课程，比如一些专为大四学生设计的课程，结果却被课程量压倒，导致成绩不好。

在第四章中，我们会继续讨论并指导大家如何安排合理的课程设置，帮助大家规划大学 4 年的学习生涯。

学校提供的课程数量能够满足学生的需求吗？

很遗憾，对于这个问题，答案是否定的。通常造成这一现象的根本原因是高校的资源不足，分配不合理，又或是大学没有准确的招收计划，从而导致学生在求学过程中受到意想不到的阻力和压力，甚至不得不推迟完成学业。

艾米（Amy）是一名文学专业的学生，在大学的最后一个学期，她需要参加"毕业研讨班"这门课才能顺利毕业。该课程的报名时间从早上8点开始，作为第一批到达报名的学生，在8点2分，艾米发现课程已经全部报满，抢不到名额了。这对于艾米来说是非常致命的，因为这意味着她不得不延期毕业。尽管艾米在校内各大论坛发帖，乞求其他同学让给她一个名额，她甚至愿意出钱购买一个名额，但没有收到任何回复。无助的艾米找到她的大学导师咨询这件事，但导师的反馈是，由于

艾米

资源有限，学校无法针对该研讨课多开一个班。艾米最终不得不下学期再上，被迫延期毕业。

艾米的延期毕业就是学校无法为学生提供充足上课名额的体现。除此之外，课程时间冲突也是在选课时经常要面临的难题。而对于那些一学年只开一次的课程，在选择的时候就更要小心。因为如果这门课没有通过，学生们就要再等一年才能重修，这会极大地加大延期毕业的风险。而很多学校的课程设置也是从授课者的角度出发的，并没有考虑到学生的多样化需求。比如对于非全职学生们来说，如果大部分课程都安排在白天，那能给他们的选择余地就非常有限了。

因此，学生们在择校之前，一定要查看大学的课程设置，既要确保学校能够在必修课上提供足够的数量和名额，又要确认学校的课程安排是以学生为出发点的，能够照顾到学生们多样化的上课需求。一般这些信息都可以通过直接咨询大学院系获得。当越多学生咨询这些信息时，学校便会越重视课程安排的合理性。

课堂规模重要吗？

这个答案自然是肯定的。学生们在了解学校时，经常会发现在不同的学校，课程规模有很大的差异。这背后的原因很多，比如学校资源储备不同。和大班授课相比，小班授课所耗费的人力物力资源要高很多。通常，在高校中，基础类课程通常都会采取大班授课模式，而专业课的课堂规模就会相对偏小。

虽然目前还没有研究数据可以表明课堂规模对学生的学习表现以及

心理健康有直接影响，但研究人员确实看到小班学生的课程完成率有所提高，只是还不清楚准确的数字是多少。班级规模已经越来越多地被纳入衡量评价高校的要素。例如在《美国新闻与世界报道》(*U.S. News & World Report*)的排名中，50人以下的课堂规模被定义为小班授课，学校拥有越多小班授课，在排名中获取的分数越多。该排名还对20人以下课堂规模的小班制给予附加权重，可见对课堂规模的重视程度。很多倡导小班制授课的高校，也会把校内的师生比例作为招生时重点宣传的内容，以吸引学生报考。

而从学生的角度出发，在规模较大的课堂中，学生们尤其是新生，容易感到被忽略，或者没有足够的机会参与课堂互动，甚至有的学生会浑水摸鱼、逃课旷课。而小班授课，老师的确能更好地关注到每一个学生，调动其积极性，培养学生主动学习的习惯。同时，因为大班授课的师生比例，老师留的作业通常都是比较基础、好批改的内容；而小班授课，学生则有机会在作业中发挥自己的创造力。小班制的优点还包括拉近同学之间和师生之间的距离，提升学生的归属感和幸福感，而对学生有了深入了解的授课老师，也会更愿意为学生的未来发展铺路。

虽然小班有如此多的优点，但现实中大多数高校受到客观限制无法完全实现小班授课。当我们在衡量大班授课的时候，也不能一味地抱否定态度。我们要看的是，学校有没有具体的措施去解决大班授课可能带来的问题。比如面对逃课、旷课现象，如果学校各部门协作采取提前预警措施，在学期中对学生的出勤状况进行考察，对出现问题的学生，调查原因，或进行批评教育，或帮助其解决面对的困难，从而保障他们在后半学期都不掉队。

而在大班授课的环境下，授课者也可以对授课方式进行重新设计，创造出活跃的课堂氛围，从而提升出勤率和课程完成率。在物理学和其他 STEM 课程中流行一种非常有效的方法，称为"扩展模型"（SCALE-UP model），即学生们在课堂中被分为不同小组，每组围着圆桌而坐，一起解决问题；或"助教模式"，这种"以学生为核心的授课方式"会招聘并培训在课内外帮助其他同学解决学习困惑的学生，并帮助学生养成主动学习的习惯。

关于大学课堂规模的信息，同学们可以从以下三种渠道获取：一是直接联系学校；二是参考《美国新闻与世界报道》公布的排名数据；三是从互联网上搜索大学的 CDS（Common Data Set）获取（详见第二章）。

然而，需要提醒大家的是，不能过度依赖学校公布的校内师生比例数据来推测课堂上师生之间的互动程度。因为有的学校会在宣传材料中列举校内师生比例为 1：15，这一师生比例数据看似非常好，但其实有很多老师只从事校内的研究活动，或并不教授本科的课程。而且不同院校不同专业之间这一比例的差异也可能非常大，有的院系可能全部采取小班制教学，师生在课堂上的互动频繁，而有的院系则普遍为学生多老师少。因此，同学们面对数据，一定要带着批判的态度去深度挖掘。对于感兴趣的院系，可以多接触一下任职的教师或在读学生，详细咨询具体教学情况。

学业指导的重要性

和高中选课相比，大学生选课不仅自主选择性更强，能够选择的课程数量更多，而且课程内容跨度也要大很多。所有这些选择都是高等教育多样性和探索性的一部分。面对全新课程的信息轰炸，最常产生的负面影响就是学生迷失了自我。正如韦尼特（Venit）和贝弗维诺（Bevevino）所说："对于大学新生来说，过多的课程选择会让他们刚刚展开的大学生涯变得复杂。在没有学业指导的情况下，新生们会因为缺乏驾驭全新环境的自信，而出现迷失自我甚至自暴自弃的现象。而错误地选择学业方向，也会给学生的未来发展带来无法弥补的后果。"

为了帮助学生缓解焦虑、高效择课，很多美国大学提供了"学业指导"。学业指导会按照学期顺序，为学生规划出应该完成的必修课程，从而帮助学生把握学业进度，并顺利毕业。

不是所有高校都会为学生提供学业指导服务，但学业指导服务的确可以让学生更清楚地了解学校对学生的校内成长有怎样的期待：需要上哪些课程？需要完成多少门课程？需要按照什么顺序来完成各门课程？学业指导是否会帮助学生梳理完成各门课程的时间表？当学生们没有按照预定时间完成课程时，学校是否有相应的处理措施来补救？

虽然有人认为学业指导服务限制了学生进入大学后独立探索精神的发展，但不能否认的是，学业指导的存在不仅能更好地帮助学生把控自己的求学方向，避免出现偏离学习轨迹或无法顺利毕业的情况，还能让学生更清晰地看到每学期自己需要完成的学业内容，更好地把控自己的学习节奏。尤其对来自弱势群体的学生来说，学业指导就像他们求学之路上的灯塔，照亮前行的方向，助他们获得成功。

归根结底，学业指导的作用是为学生指引方向，帮助他们少走弯路，而不是完全限制其自我发展的空间。当学生们目标清晰时，再去发挥主观能动性，相信能事半功倍。

通识课程（基础必修课程）

多数美国高校前两年的课程主要是由通识课程（基础必修课程）组成。通识课程涉及面广，横跨历史、（文化）多样性、写作、数学、科学等方面，旨在为学生日后的深入学习打下基础。美国大学与学院协会（Association of American Colleges and Universities，AAC&U）主席林恩·帕斯卡雷拉（Lynn Pascarella）指出，通识课程的意义在于培养学生清晰、连贯、缜密的写作、表达和思维能力；培养学生表达自我观点的能力；培养学生辩证思考的能力。

通识教育可以开发、培养学生潜能，让学生为未来走出校园、迈入职场、成为社会人做好准备。对于通识课程，高校应该设立明确的目标及衡量方式，从而评估学生们是否能在完成通识课程后达到学校要求。

通常，大学第一年的通识课程中都包括一门小型研讨课程。教授带领学生就一个重要议题进行研究讨论。这类研讨课程已被证实对高等教育有深远的影响，不仅能明显提高学生的学习表现和学术成绩，还能提高毕业率，促进学生取得成功。大学设有此类深入学习体验的通识课程，是推动学生成功的一个重要方面。

毕业设计项目：整合性专题实作课程

在大学的最后一年，学生通常需要参加整合性专题实作课程（Capstone）或毕业研讨课程，从而完成毕业设计，顺利毕业。这类课程的规模一般比较小。课程会要求学生整合在大学所学知识，完成毕业设计项目。

其中有些形式会仿照研究生级别的课程结构和强度来设计。与前文中我们提到的大一通识研讨课程一样，这类课程对学生个人的学术表现也有很大的帮助及深远影响。

毕业设计课程的形式多种多样。辛辛那提大学（University of Cincinnati）生物学专业的学生可以从科研实验、学术讲座、实地考察等形式中选择一样作为毕业设计项目的基础，在毕业时根据自己的选择以论文、演讲、设计展示或课程展示的方式完成毕业设计项目。而学习浪漫主义文学等人文学科毕业生，一般则可能通过在学术论坛中发表论文或文学翻译文本等形式，完成毕业设计。

毕业设计项目不仅具有教学意义，对学生的未来发展也有深远的意义。学生可以通过毕业设计展示自己的知识储备，表达观点。无论最终的毕业设计是以论文、作品集、表演等何种形式呈现，都是学生在未来深造或就业的道路上证明能力的有效手段。

网课

网课在美国高校很常见。2016 年，美国大约有三分之一的学生选择以网课的形式接受高等教育。而 2020 年，美国高校因为新冠疫情纷纷关闭，所有的教学活动也由线下转到线上。在整个 2020—2021 学年，网课成为美国高校的主要授课模式。

网课一般分两种形式：同步教学和异步教学。同步教学，即依靠视频会议等技术手段，让学生在同一时间、同一线上平台进行教学活动。异步教学则是学生们可以根据自己的时间独自完成课程。除此之外，也有学校采取线上、线下结合的授课方式：比如学生每周除了上网课外，都要花固定的时间在教室学习等。无论采取何种方式，线上教学对学生的自律及自我时间管理都有更高的要求，这些技能是需要学生在大学期间不断学习的。对于大一新生来说，从入学就开始上网课，没有太多的实践来培养类似技能，这对个人能力培养是一个很大的考验。因此，学校应该给予上网课的大一新生更多的关注。

网课为很多受时间、地点限制的人提供了接受高等教育的机会。但同时，网络教学也产生了一些弊端。比如，和传统课程相比，网课上同学之间、师生之间的互动相对较低，可能无法把以学生为中心的教学方式和对学生的支持结合起来，这会对学生的学习及进步产生负面影响。研究显示，网课的负面影响对来自弱势群体和低收入家庭背景的学生尤其明显；这类学生上网课时的成绩和上普通线下课程相比相对较低，挂科率和辍学率偏高。

面对网课产生的问题，高校也采取了相应的措施去解决。线上课程的授课者努力采取"以学生为核心的授课方式"，促进师生之间积极有效的互动。设计合理的、能让学生满意的网络教学，同样可以帮助学生培养学习能力，提高学业成绩。因此，当衡量网课时，一定要看课程的设置是否能给学生提供有效的帮助和支持。

如何选择大学专业

当申请大学时，学生通常都要填写具体申请的专业。大学专业既可以是对某单一学科的深入学习，如历史、生物或政治学，也可以是对多学科、跨领域的研究，比如社会科学专业的知识点就覆盖了经济学、政治学和社会学等多个领域。

如何选专业一直都是困扰学生的一大难题。选择专业可能并不容易，学生也许会感受到来自各方面的巨大压力。有些学生有明确的专业志向，有些学生却没有；有些学生读了自己的理想专业才发现和之前的设想完全不同，还有学生在大学期间发现了自己可能在另一个领域很有潜能。

卡门（Carmen）从小到大的梦想就是当一名律师，他毫不犹豫地选择了政治学作为自己的大学专业。就在卡门为自己一步步迈入法学院铺路时，意想不到的事发生了。在大一的第二学期，他必须选择一门专业外的选修课程，他选择了公共物理课。令他意外的是，他不仅极其享受整个上课过程，还获得了非常优秀的成绩。于是卡门又选择了一门物理领域的课程，事实证明卡门不仅对物理课程感兴趣，也十分有天赋，可以轻松驾驭这个领域所学的知识。卡门应该怎么办？换专业？放弃自己从小的律师梦？他最终没有放弃法律，因为他无法接受自己改变已经规划好的发展道路。

卡门

像卡门这种心态的学生，有些高校称其为"一条道走到黑"的学生，因为他们认准了一个目标，会自动放弃其他的可能性。这类学生看似非常果断，其实非常容易让自己陷入误区，放弃了让自己成长、改变和尝试的可能性。他们的固执不仅容易错过好的发展机会，也会导致自己一直在不擅长的领域徘徊。

除了兴趣，一般驱动学生选专业的主要原因为毕业后的就业情况以及行业在社会的威望。如今的就业市场，科学、技术、数学和健康领域的就业机会很多，这也使得越来越多的学生愿意申请这些专业。学生通常会根据具体的职位空缺或平均工资来调整他们对专业的选择。关于学校各大专业毕业后的就业数据及薪资状况，一般学生都可以从高校网站甚至联邦政府网站上获取。这些都是学生们在选择专业时的重要参考数据。

当然，我们说"爱一行，干一行"，选择一个自己喜欢的专业，可以让同学们带着更加饱满的热情去学习，在面对困难的时候也能更加坚定。但是大学新生的阅历毕竟有限，选择专业的时候，往往带着行业崇拜。比如被医生、律师、工程师等职业吸引，但其实并不知道自身实力究竟在哪个领域更有优势。

也有些学生在选专业的时候，过度依赖专业既往的就业前景和薪资水平，没有全面分析该专业的未来前景。随着科技的发展，劳动市场也有着飞速的变化，也许今时今日的热门专业，十年后就会被技术取代，甚至不复存在。就如全球这场新型冠状病毒肺炎疫情，改变了多少行业的固有经营模式啊！同学们在进行行业选择和未来规划时，切忌过度局限自己，要培养广泛的兴趣和技能，才能应对日新月异的环境。

在选择专业时，同学们既要考量专业课程，又要兼顾课外实践，从而做到在大学中充分培养自己进入社会后的核心竞争力。好在这条道路，同学们不是孤单前行的。各大高校都有一系列措施，为学生提供支持与帮助。学生可以从同学、校友、校内顾问、导师以及毕业生就业数据等方面获取信息与指导方向，从而做出适合自己的明智选择。

面对专业选择，也无须过度焦虑。大学专业虽然重要，但并不能决定一个人的人生轨迹。正如美国大学和学院协会（AAC&U）的研究显示，大多数雇主看重的是求职者的个人能力，而非专业背景。大学的基础教育经历固然重要，但丰富的经验以及跨领域的技能才是职业长期发展的重要推动剂。

在调研结果中，我们看到超过 90% 的雇主认为员工的思考、沟通及解决问题的能力比大学专业背景更重要。和只擅长某些技术领域的"专才"相比，大多数雇主青睐的是拥有基础教育经历，同时能够快速适应变化，有创新能力的"全才"。一所关注学生成功的大学，应该有专门的课程或项目来培养学生这方面的技能，比如为学生提供实习、服务型学习、海外游学等课外实践学习机会。

学生们大可不必抱着"只有某些专业才能成就美好未来"的偏执想法；只要在大学中充分学习和锻炼自己，积累经验和培养全面技能，就能为走入职场打下坚实基础。而高校也应该提供更多的实践性学习机会，让学生培养自己的全面技能。

现如今，各大企业都会对员工进行岗位培训。因此，就算有些职位需要被雇佣者具备特定的技能，他们也可以通过入职后的培训获取相应的职业技术认证资格。美联储（U.S. Federal Reserve）的研究发现，只有少数的受雇佣者从事着和他们大学专业相关的行业。

同时，也有研究表明虽然很多大学毕业生的第一份工作会选择与专业对口的行业，但是到了他们的第三份工作，往往都会进入与大学专业完全不同的领域。尤其是STEM专业的学生，通常他们都会在进入行业10年后离开该领域，到全新的领域寻求职业发展。

众所周知，STEM专业的毕业生一直是就业市场中的"香饽饽"。但是在选择STEM专业时也要考虑到专业的局限性。首先要考虑的是该专业学生的留校率和毕业率；研究显示，弱势群体的学生，就读STEM专业中途放弃学业的概率更高。原因有很多，包括之前提到的缺乏包容性或缺乏以学生为中心的教学方法。其次，STEM专业更多的是培养学生在特定领域的专业技能。而毕业后，当学生从事该领域的工作时，需要具备全面的能力，才能在本行业内有上升的空间（这也是为什么很多学生最终离开该领域的原因）。因此，学生在选择STEM专业时，一定要看学校是否给这些专业的学生提供了培养沟通、写作以及团队合作能力的机会，因为这些技能可以跨时空，并在不同的职业角色中通用。

研究显示，不同专业背景的学生，在职场中达到一定高度后，都会开始往管理岗位转型。因此，就算一些工科专业的起薪较高，但从长远发展来看，不同专业之间的薪资水平最终都会趋于平衡。

大学并不是学习的终点。大学的学习可以为学生选择第一份工作做准备，但如果想要在职场继续前行，就要一直保持好奇心和求知欲。同时也不要被自己的本科专业所限制。比如哲学系的本科生可以跨学科去社科系读硕士课程。同学们要珍惜在奋斗路上来自大学、工作岗位以及社会组织提供的各种学习机会，不断充实自己，让自己跟上时代发展的脚步。

双专业及本硕连读项目

许多学生在高中时就可以通过课程学习积累一些大学学分,这样他们可以在大学中更加游刃有余地规划学业,常见的两条学术道路为申请双专业和本硕连读(双学位)。

双专业即学生在大学中攻读两个专业,也有学生有能力完成双学位的学习。娜拉在大学中攻读了哲学及社会科学两个专业。她认为,哲学帮助她了解世界是如何形成的,而社会科学专业让她对现实有了更深刻的认识,两个专业知识互补,让她在看待问题的时候,思考得更加全面。

双专业虽然短期内可能无法为学生带来更高的物质回报,但是从长期来看,双专业,尤其是知识面互补的双专业,例如同时学习哲学和统计学,会给学生带来正向回报。当然,修双专业的学生也一定要规划好学业,不要出现延期毕业的现象。大部分高校也在选择第二专业的时间上有严格的限制:学生们必须在大三之前申请第二专业,从而保证自己可以顺利按时毕业。

通常大学提供的本硕连读项目都会比学生们单独完成本科和硕士学习用时要少。例如,在德保罗大学(DePaul University),市场营销专业的本硕连读学生,可以在本科期间选修12学分的研究生课程。这12学分同时计入学士和硕士学位当中,因此学生可以用5年的时间拿到本硕双学位,比单独获取两个学位要省下至少半年到一年的时间。而在高中就积累了大学学分的学生,更是有可能在4年内完成本硕连读的学习。对于特定专业的学生,比如法律或医学,学生们会更倾向于尽快拿到硕士学位。双硕士学位甚至博士学位,能帮助他们在求职时有更大的竞争力。

你了解"不定专业"吗

选择大学专业不是一件容易的事，因此很多美国高校都允许学生在第一年，甚至第二年内不选定专业，这样的学生被称为"不定专业"学生。有一些高校更是硬性要求学生们在完成两年"不定专业"的学习后，再决定大学的主修专业。

通常情况下，学生们都可以通过第一年的学习发现自己的兴趣所在。基于多所大学的数据显示，在大学第二年仍无法确定专业的学生，其毕业率要明显低于其他学生。各大高校针对学生们面对专业选择的彷徨，也提供了多种多样的专业指导：引导学生尝试不同领域的课程从而找到兴趣所在，或者推荐学生参与体验式学习，从实践中发掘自己感兴趣的领域。而"Meta 专业"的概念更是被美国高校，尤其是社区大学所推广。选择"Meta 专业"的学生，可以从广泛领域，如社会科学、科学或人文学科等开始学习，随着学业的推进，再决定自己的主修领域。

限制招生专业

美国高校有一些专业，并不是人人都可以申请的。这些需要通过激烈竞争才能被录取的特定专业，被称为"限制招生专业"。许多大学要求学生们在完成大学第一年课程后，才能申请"限制招生专业"；学生们在大一学年的表现，如 GPA 等，都是能否被"限制招生专业"录取的参考要素。例如，一个学生需要在大一、大二取得至少 3.2 的 GPA 才能获得商科专业的录取机会。

专业容量有限以及对录取学生在特定领域能力的要求，是导致"限制招生专业"存在的原因。以护理专业为例：护理专业的学生需要完成一定时间的临床实习；能够招收的学生人数会受到所在社区临床诊所规模的限制。而对于音乐和表演这一类的专业，则会提前考核申请学生在专业领域的个人能力，再予以录取。

有些大学会认为严格的招收标准是学校教育水平高的指标。当学校招收学生时，以完成特定课程或具备特定能力作为先决条件，可以帮助学校筛选出更有竞争力的学生。但事实通常并不是这样的。这些被高校用来"筛选"的课程，通常都是为了淘汰不合格的学生而设立的。这不仅不利于学生们取得成功，也会让授课者的教学方式更加依赖筛选过程，从而忽视与学生的互动，和保持课堂的多样性。

当学生们申请"限制招生专业"的时候，一定要为自己的学业提前做好规划。这些专业无法提供足够的名额，是学生们需要认清的客观事实。当学生们被心仪的专业拒之门外时，有些人会留在大学草草换个专业，也有一些学生会退学选择去另一个学校追求自己想学习的专业。这种被迫做出的改变，经常会影响到学生后续的学习生活。

因此，学生们在了解学校时不仅要了解"限制招生专业"对招收学生的具体要求，更要去了解学校是否对未被这些专业录取的学生，有计划地妥善安排其后续求学道路。

换专业

换专业在大学中是一件很常见的事情。根据美国国家教育统计中心的数据，大约 1/3 的大学生至少换过一次专业，大约 1/10 的学生换过两次或两次以上专业。

换专业对学生的影响利弊兼具。我们先来看积极的影响：研究显示，在大三之前换专业的学生，其毕业率要高于大学期间一直保持同一专业的学生。通常学生换专业是出于发现了自己的兴趣所在，因此往往对新的专业拥有更多的热情，这也会让学生们有更好的学业表现。

而换专业的负面影响主要集中在换专业时间过晚（大三结束后或更晚），因其会影响学生们的毕业时间。有关数据显示，在大学生涯末期换专业的学生中，有 75% 都因为要完成额外课程的学习而延期毕业。

在高中获得大学学分

同学们在高中时可以通过学习大学先修课程（Advanced Placement，AP）、国际文凭课程（International Baccalaureate，IB）或剑桥国际高级教育证书文凭（Cambridge Advanced International Certificate of Education，CAICE）等提前获得大学学分。也有些高中允许学生在完成高中学业之余学习大学的课程。这些提前获得大学学分的手段，不仅可以让学生用少于 4 年的时间完成大学学业，还能给学生更多的自由去选择喜欢的课程。很多提前获取大学学分的学生都会在大学中修第二专业，用 4 年的时间完成两个专业的课程。

当然，提前修大学学分也可能会给大学生涯带来一些其他问题。首先，这些同学有可能已经完成了基础的通识课程，因此一入学就会被学校安排与高年级同班学习专业课程。其次，有些州和联邦政府的经济援助对学生们的学分也有要求：如果累计学分接近或超过申请援助的额度，就无法正常申请这些补助。再次，很多学校会要求修满学分的学生自动毕业。因此，有一部分学生无法享受到正常的 4 年大学时光。所以，学生们在高中决定提前修大学学分的时候，一定要对自己未来的求学道路做好规划，了解自己心仪高校对带着学分入学的新生是否有特殊政策，比如有些高校会针对这些学生设立"三年学位项目"。学校不仅会帮助学生们在 3 年内完成大学课程，也会鼓励学生们多参加课外项目，充实大学经历，从而迎接毕业后走入社会的考验。

上大学前需要做哪些准备？

对这一问题，最直观的答案可能就是选择好大学专业了吧。学生们可以在学校的指导下，通过课内外学习，了解自己的兴趣所在，从而选择好大学专业。但在之前的内容中我们也介绍过，在大学换专业是一件很常见的事情。毕竟对于高中生来说，在进入大学前就完全做好准备几乎是不现实的。

同学们可以做到的是思维和习惯的培养。在进入大学前，培养好成长型思维，养成主动学习的习惯，可以让学生更好地适应大学课程量的要求。在高中时，抓住机会，主动去挑战自己，发掘潜能，积极尝试课内外的活动，尤其是社团以及社区服务项目，充实经历，让自己更加从容地面对大学。

有关学校的课程设置，可以去了解以下 3 个问题

1. 大学是否有措施推广循证教学实践法（如主动学习法）？是否有措施保证学生们都有同样的学习机会
2. 大学是否为学生提供明确有效的学业指导？大学提供的课程是否能够有效地培养学生的技能
3. 大学现有课程是否可以帮助学生实现自己的目标？现有的课程是否能满足学生的需求，并且让其按时毕业

大学课程设置的评估标准

级别	评估指标
优秀	每个专业都按阶段设置了清晰的学业计划和学习目标，授课老师以研究为基础，采用以学生为中心的教学方法。不同背景的学生，在大学中的课程完成率几乎没有差异。学生有充足的课程选择，并且不会因为课程的设置而耽误毕业。学校重视创造好的教学体验，并会对优秀的教学者给予奖励
良好	学业计划的学习目标设置清晰；授课老师大多采用以学生为中心的教学方法；课程完成率没有太大的差异；大学里课程的数量和种类基本可以满足学生按时毕业的需求
中等	大部分专业和课程采用以学生为中心的教学方法，但一些院系和专业没有完全接受或实践这个方法；不同学生群体的课程完成率存在一定差距；大学里课程的数量和种类经常不足以满足学生按时毕业的需求
一般	虽然课程设置了学习目标，但并没有向学生阐明如何达到学习目标；课程完成率差距大，课程的数量和种类普遍不足；课程通常都没有采用以学生为中心的教学方法
较差	课程设置结构不合理，学生学习效果不明显；课程通常采用以老师为核心、以大课为基础的教学方法；课程完成率，特别是在第一年和第二年的课程中，存在很大差异；大学提供的课程不足以满足学生的需求

第四章

学业保障：学生学术支持

　　布里安娜（Brianna）大学生活的头三个月，可谓是喜忧参半。探索全新城市，结交新的朋友，有了属于自己的全新居住空间（宿舍），这些都完全符合她期待中的大学生活，但也有一些事情让她烦恼不已。布里安娜面对的第一个难题就是选课。作为同一所大学的校友，布里安娜

布里安娜

的父母认为商科才是最有前途的专业，而不是女儿向往的创意写作专业。几番协商后，布里安娜不得不向父母妥协，接受父母的安排，在选择创意写作课程之余又同时选择了一些商科的课程。布里安娜不知道的是，自己的"噩梦"才刚刚开始。

入学后，她发现大学的学习和自己想象中的完全不同。高中时，布里安娜的父母对她的学习照料事无巨细：指导她学习，帮她梳理笔记，并总结考试要点。而进入大学开始独立学习后，第一次宏观经济学考试的低分，就给了她当头一棒。尽管她觉得被辅导有些丢人，但还是克服了心理障碍，找到了校内的辅导中心。然而辅导中心的人却告诉她当天没有助教可以辅导宏观经济学，她需要改天再来或提前预约，这无疑让布里安娜沮丧的情绪雪上加霜。

屋漏偏逢连夜雨，布里安娜的麻烦事儿还没有停止。在上了 7 个星期的课之后，她决定退掉一门。就在做出退课决定的当天，她才发现那一天也是学校规定的退课截止日期。布里安娜以为学校都会发邮件通知退课的截止日期和具体流程。更麻烦的是，她要退掉的那门课程还有特殊的退课流程，需要院长批准，她也不知道院长办公室和提交表格的办公室在哪儿，这一切让她乱了阵脚。大学中遇到的种种难题，让布里安娜的负面情绪不断叠加，以至于入学 3 个月后，她开始怀疑自己是否适合大学生活。

布里安娜的个人经历其实在大学新生中并不罕见。对于很多新生来说，大学充满了挑战，也非常神秘，他们要去面对各种陌生的选择，甚至不知道各种机会的存在。尤其是对家中的第一代大学生来说，没有可以传授经验的长辈，大学生活就如同"盲人过独木桥"，他们不知道参加校园里的一系列活动的重要性,不知道什么时候(或者是否)安排与就业顾问会面,不知道如何寻求与教授进行科研活动,也不知道如何制订最佳的课程表。

高等教育研究表明,有建设性的指导体系和安排有助于提高学生的能力,帮助他们在大学阶段做出有效决策,让他们感觉自己属于大学,并且是大学重要的一分子。在这方面,大学教育还是取得了很大进展。一开始,学生们大多是独自一人在大学里摸索。大学没有强加诸多限制,学生们在这种宽松的环境下寻找资源,从目录中挑选课程。除了与教授难得的会面,或者向朋友和家人征求意见外,没有其他外部协助。

关于高等教育的研究表明,当学生能够从校方获得系统有效的支持时,不仅会在大学有更好的表现,也会对学校产生更强的归属感。针对这一研究成果,美国各大高校一直在努力提升在学生支持项目上的投入。

最初,学生们需要在大学里独自摸索,寻找有用的校内资源,为自己选择课程,争取与教授见面的宝贵机会以及利用自身的关系网络向身边的朋友和家人寻求帮助。这一阶段,大学对学生的期望是他们能清楚自己需要什么帮助并主动寻求帮助。

随着大学生人数的逐渐增多,学生群体更加多样化,高等院校也看到了原来的"坐等学生求助"模式的弊端。很多学生寻求帮助的节点都太晚而错过了最佳的求助时机,甚至以退学收场。还有一些学生放弃高等教育,是因为得不到来自学校的支持与帮助,导致他们没有归属感。因此,有的大学开始有意识地请专业人士在不同时期,根据不同时期学生的具体需求,提供形式多样的帮助与支持。以学生成功为出发点的高校,还会运用数据分析预测学生需要帮助的方向,从而提前做好准备,为学生们提供支持。

当然，针对学校的这一努力，也有批评的声音，认为学校是在"溺爱"学生。一些批评的声音认为，学生们应该自己想办法，主动探索大学生活，毕竟，毕业后进入社会不会有雇主继续"溺爱"他们。也有人认为，进入大学只是拿到了入场券，同学们应该各凭本事去证明自己的能力，而不是依靠外界帮助来实现价值。

这些人似乎在发表意见前忽略了一个关键问题：不是所有学生都拥有平等的发展环境。如今，大学中的学生群体越发多元化，不同背景不同出身的学生，在进入大学时并不是站在同一起跑线的。如果所有高校在不提供支持的情况下，要求所有大学新生一入学便知道如何成为一名好学生，这对于很多新生来说是不公平的。比如一些大学会认为学生应该知道如何和教授沟通，去哪儿可以找到教授，又有哪些问题可以从教授那里得到解答。这个假设显然考虑得不够周全。对于那些出身弱势群体，或者家中第一代大学生的新生来说，这些"约定俗成"的规则，就如同走迷宫一样。当学生们在大学中感到迷茫时，无论是学业表现，还是心理压力，都往负面发展。这会给学生们造成不可逆的影响与伤害。

现如今，高校对于如何帮助学生发展有了更深入的了解。高校可以为学生提供专业的指导与建议，为他们规划更有挑战、更能调动积极性，并带来积极影响的发展路线。专业的指导可以帮助学生极大地降低进入大学后的迷茫，顺利完成从高中生到大学生的身份转换，增加学生对高校的归属感。校内导师及顾问不仅能帮助学生揭开大学的神秘面纱，让他们抓住机会，少走弯路，还可以帮助学生培养好的学习及生活习惯，使他们能更合理地安排自己的大学生活，也能做出更加明智的选择。

因此，不能说学校对学生的各种支持是"溺爱"。即使学生可以获得充足的校内支持，大学生活中仍旧有很多挑战等着他们。学业上的挑战是一方面，在大学，还会遇到更多学业以外的挑战，这些挑战或来自家庭，或来自文化差异。有些学生要面对更大层面的社会问题，比如法律、粮食安全、居住保障、种族主义等；有的学生需要面对心理问题。大学生作为成年人，在家庭中扮演的角色越来越重要。有些学生在大学中需要平衡学业与家人，甚至学业、工作、家人三者之间的关系。这些课堂外的挑战虽然可以帮助学生们成长，塑造他们成熟的价值观念，但同时也可能会让他们分心，影响他们的学术表现。

为了促进学生在大学取得成功，很多大学都开设了完善的学生学术支持项目。在本章，我们会为大家具体分析，好的学术支持项目应该是什么样的。

导师咨询与指导

大学的导师，对学生的成长有着至关重要的作用。导师的指导可以帮助学生适应大学生活，从容应对挑战，更有效地利用校内资源，并抓住一切机遇。研究显示，好的大学导师可以显著提升学生的在校表现及毕业率。

从狭义范围来定义高校导师，其主要工作便是帮助学生顺利完成大学学业，拿到毕业证。导师不仅帮助学生规划课程、指导学习策略、提升学习能力，还协助他们获取校内资源，如经济援助、学业辅导等。

现如今，很多高校导师所提供的帮助早已超出了上文说到的狭义范围。在那些关注学生成功的大学校园里，导师所负责的不仅是学生的学习生活、专业选择、毕业计划、在校园内是否有归属感，在其他领域也都有所涉及，比如学生是否会感到孤独，是否能结识朋友等，而这些都应是导师要关注的领域。

优秀的高校导师可以全方位激发学生的潜力，帮助学生平衡心态、疏解压力，增强学生的自信，并协助学生制订目标。导师在帮助学生成功完成学业的同时，也鼓励大家在大学期间参与校内外活动，寻找自己擅长的领域并积累经验。学生无论是在学术上、生活上、经济上，甚至是家庭中遇到的各种困难，都可以找导师寻求指导和帮助。

积极主动地去发现、解决学生的困难是优秀导师普遍具备的特征。好的导师往往在第一时间关注到学生的变化，把问题扼杀在初期，从而减小问题对学生的负面影响。这些导师会耐心倾听学生们的困惑，帮助学生梳理重要的日期节点以及了解校内各方面的规章制度。导师还能帮助学生规划未来的发展道路，帮助学生顺利走出校园，进入社会。

好的导师不仅是倾听者，也是引导者、指路人。学生在大学期间需要学习很多新的技能，反思分析自己便是其中之一。当学生在多姿多彩的大学生活中忙碌时，往往会忘了停下脚步自省。好的导师能在这个时候指导学生反思、自省；帮助学生整合校内外资源，从而激发其更好地成长。

简言之，好的导师能在学生实现个人、学业以及职业目标的道路上，提供强有力的帮助。导师的帮助应该是面向全体学生的，而不是面向少数学生群体。同时，学生也应该抱着开放的心态，接受导师的帮助。在认识到导师的作用后，一些高校会强制学生，尤其是大一新生以及对外界帮助比较抵触的学生，接受高校导师的辅导。学校之所以有这样的措施，其出发点也是希望学生可以在导师的帮助下少走弯路，尽可能顺利地完成大学学业。

以营养学专业的学生克里丝特尔（Crystal）的故事为例。高中时，她基本不需要学校老师帮她规划学业。因此，进入大学之后，她自然而然地认为没必要去找大学导师咨询。"咨询基础"是克里丝特尔这个专业必修的一门课程，学校建议学生在第三学期结束前修完才能选择后续的专业课程。当她注意到这个问题时，已经错过了选课时间。这使她的学业进度受到了极大的影响。

克里丝特尔

咨询指导的形式

很多重视学生成功的高校融合了多种指导形式，以满足学生的不同需求。美国大学中常见指导形式包括以下几种：

大学讲师：通常在规模较小的大学或学生人数不多的学院内，大学讲师会兼任学生导师一职，为学生提供学业以及广泛的生活和职业发展指导。

学术导师：在很多高校内，会有专职的学术顾问帮助学生在专业选择、课程规划、校内参与度等问题上提供帮助。有一些学术导师可能会在某些专业领域更擅长，也有些学术导师更擅长辅导转学生。有的学校会聘请经过专业培训的学生来担任学术导师，从而拉近与学生的距离。

生活教练：大学中的生活教练也被称为成功教练，旨在帮助学生在学术领域和非学术领域建立目标。和学术导师相比，高校专门聘请的生活教练，其工作范围更全面，工作强度更大。通常，学生每两周就会定期与他们的生活教练见面（一些大学的工作人员也会身兼学术导师和生活教练的角色）。

奖学金导师：通常高校内都有专职的导师，旨在帮助学生们申请各类奖学金及奖项；如罗德奖学金、富布赖特奖学金和杜鲁门奖学金。通常，学生申请的奖学金以及奖项可以帮助他们支付大学或研究生阶段的费用。获得同类型奖学金及奖项的学生也经常会被组织起来，一起接受特殊培训。奖学金导师不仅帮助学生挑选适合他们的奖学金及奖项申请，同时帮助他们完善自己的申请材料。

顾问：在美国高校，通常新生入学后可能会被分配一名顾问。这些顾问或是高年级的学生，或是校内职工，也可能是高校所在社区成员。

在成为顾问之前他们都会经过专业的培训。新生们可以从顾问身上获取多方面的帮助，比如学业问题、生活问题、人际交往以及职业发展问题等。当然，随着大学生涯的推进，很多学生也会在学习过程中找到适合自己的顾问，并与其积极互动。

研究显示，高校内拥有丰富的导师资源，能极大地提升学生对大学教育的满意度。研究建议高校应该建立一个多样化的导师群体，从而激发学生走出舒适区，不断挑战自我。和没有建立导师关系的学生相比，拥有多样化导师资源的学生在大学中往往能有更多的收获。同时，在大学中用心经营与导师的关系，也会对同学们日后的发展大有益处。因此，入学后应该尽早建立起导师关系网。

鉴于大学导师指导的重要性，学生们在申请学校之前，一定要先评估大学可以提供的导师资源。一些学校会在官网公示这部分信息，也有一些学校需要学生主动询问相关信息。在了解高校导师资源时，首先要知道校内学生与导师的比例以及这一比例在不同院系中的变化。

每个院系的学生与导师比可能都会不同。比如在比较冷门的院系或艺术类院系中，每100名学生可能有一名导师；而在比较受欢迎或人比较多的专业，比如商科，每1000名学生才能有一个导师。这个比例越低意味着学生能够得到导师帮助的概率越小，或者无法保证每一次都能约到导师，这都会影响学生咨询的效果。通常学校会建议每名导师面对不超过300名学生。当然，如果导师能面对更少数量的学生，其辅导效果一般会更好。通过了解学生与导师的比例，准大学生可以大致估计学生可以接触到导师的概率。

在评估高校导师资源的同时，同学们也要了解学校是否给学生提供了充足的可直接与同学、校友、教授以及教职员工交流沟通的机会,以获取经验。虽然人与人之间的交往最终都是要水到渠成,但是如果学校没有给学生提供一个建立联系的机会,这对于学生来说,尤其是新生是非常困难的。有研究显示,不到一半的大学生表示在校期间,有导师"鼓励他们追求自己的目标和梦想"。

对于弱势学生群体的支持

现如今,接受高等教育的学生群体越来越多样化,很多学生来自弱势群体以及被忽视的人群:比如退伍军人、无家可归者、残疾人、来自偏远地区的以及组建家庭后继续求学的学生等。

通常,来自这些群体的学生接受高等教育的比例相对较低,然而中途退学率却偏高。很多高校对学生退学的原因进行分析并总结归纳,从而设立相应的应对机制来帮助学生,尤其是来自弱势群体的学生,顺利完成大学学业。很多在这方面做得好的大学,已经可以消除不同背景的学生在毕业率上的差异。

高校针对弱势群体学生们设置的援助项目种类多样,采取的方法也各不相同,从而满足不同学生的不同需求。在众多类型的援助项目中,支持低收入学生群体的项目被最广泛认知。从录取到毕业,无论是提供学费、住房以及生活补助;还是帮助学生适应校内生活、规划未来发展方向;又或是支持学生积极参与课外活动,主动获取实习及研究机会;以及帮助学生平衡家庭需求和教育需求;学生们在大学中的方方面面都会被照顾到。当学生可以从这些项目中获得强有力的支持时，他们在大学中的参与感及归属感也会提升。

目前，美国的很多高校都已经拥有了成熟的项目体系，为弱势群体学生提供支持。比较知名的项目包括：

● **纽约市立大学**（City University of New York）的 ASAP 项目（Accelerated Study in Associate Programs）：扶持低收入群体学生。为学生们提供专业导师咨询，经济援助、交通补助等。

● **佛罗里达州立大学**的 CARE 项目（Center for Academic Retention and Enhancement，CARE）：从学生入学前的夏天开始，为低收入家庭的第一代大学生提供为期4年的支持。作为发展比较完善的项目，在大学第一年，学校会为参与该项目的学生安排密集且系统化的指导，包括一系列常见的体验和课程、辅导、强制学习时间、大学生活辅导、学术咨询、助教辅导、职业咨询、必修研讨会和参加一些校园活动、出国游学的选择、实习等。经过一年的培养，具备积极学习习惯和学习技能的学生开始获得更多自由分配的时间，从而去探索、驾驭自己的高等教育生涯。

● **加利福尼亚大学**的北岭（Northridge）校区和圣马科斯（San Marcos）校区，都有比较优秀的项目来支持拉丁裔学生。这些项目为拉丁裔的学生建立起一个可以共享经验的社群，让来自同样背景的学生及老师一起分享对校内外生活的见解。

还有一类项目更偏向于在学术上予以支持，对来自弱势群体或对某一类学科非常不擅长的学生提供帮助。这些项目通常会要求学生在正式入学前提前开始大学学习，并积极参与专业领域的活动，从而为正式的大学学习做好准备。比如在开学前为数学基础较差的学生提供高数课程的学习。通常这些项目会被称为"桥梁项目"，旨在帮助学生们更好地完成从高中到大学的过渡。

内华达大学里诺分校（University of Nevada‑Reno）的NevadaFIT项目便是"桥梁项目"的代表。这个为期一周的大学入学前强化训练营，要求参与的学生们完成符合大学要求的学业内容。通过老师的及时反馈，学生们可以在训练营里发现哪些方面自己需要改进、提高。在这种"低风险环境下"经历挫折，可以培养学生在大学中的学习韧性。同时，参与该项目的学生在入学后也会一直得到学长导师的指导。

一些"桥梁项目"为期一年，也有的项目会贯穿整个大学4年的学习生活。成功的"桥梁项目"可以显著提高学生在大学中取得成功的概率，缩小不同背景学生群体之间的差距。

很多大学会对身体有残疾如视障、听障、身体瘫痪，以及有阅读障碍、双向情感障碍、自闭症、焦虑症等心理问题的学生提供特殊学术支持。比如单独安排考试环境或设置考试形式，在校内为他们设置特殊通道、准备特殊形式的教学材料（如盲文），以及确保学校的网站可以让全体学生自如使用等。这些都是大学多样性、包容性校内文化的体现。

罗格斯大学的CSP（College Support Program，CSP）项目就是专门扶持自闭症学生的。该项目帮助学生规划学业以及职业发展目标，为学生提供学习、职业发展、生活技能（如财务、卫生和家务）等全方位的指导，从而帮助他们实现目标。该项目还和校内的各部门紧密联系，帮助争取各种校内资源。

发生紧急情况后学校对学生日常生活的支持

无论身处何时何地，突发的意外会引起生活巨变。在大学生涯里，也很难避免意外的发生：车祸、疾病，甚至法律制裁。面对可能在大学期间发生的各种意外，校方应该有健全的应对机制来协助学生渡过难关。例如，个案管理部门，可以帮助学生因健康原因办理休学，并且在学生提出休学申请后，代学生与授课老师沟通。个案管理部门还能帮助学生了解校内政策，协助办理助学金，申请宿舍等。

来自佛罗里达州的学生特雷弗（Trevor）的家乡被飓风袭击后，就得到了来自校方的关心和援助。特雷弗回忆到，当在电视中看到家人居住的小镇遭到了严重的飓风袭击后，他只想赶紧回到家人身边帮助他们渡过难关。特雷弗的学校应对这场自然灾害早有预案。首先，个案管理

特雷弗

部门的负责人帮助特雷弗与教授沟通，帮他顺利请假；其次，校方资助了特雷弗回家的机票；最后，学生会的成员发起募捐，用来帮助在飓风侵袭中受灾的学生家庭。这些都让特雷弗更加镇定地面对自然灾害带来的损失和压力，帮助他的家人渡过难关。

来自父母与家庭的支持

对于以年轻人为主要群体的大学生来说，家庭的作用至关重要。在大学中，学生与家庭之间的关系错综复杂。有些学生进入大学时，肩负着全家的希望；有些学生有比较特殊的家庭背景；而有些学生可能已经比较年长，与家人之间的关系也有了更加成熟的处理方式。

研究表明，进入大学后，学生与家人之间的关系会得到积极改善。这主要是因为随着年龄以及阅历的增加，学生们在大学中会变得更加成熟，从之前的小孩变成为自己、为家人负责的成年人。这不仅可以让学生从更多的角度理解父母的良苦用心，也让他们开始与父母建立更加平等的关系：把父母当作朋友、知己以及人生导师。研究也表明，父母是学生在大学期间获得指导与建议的主要来源。虽然家庭可以成为学生大学生活中的重要盟友，能提供动力，增强学生信心，但有时也会帮倒忙。

研究显示，在申请助学金的时候，学生们往往都会咨询家长的意见。但家长通常并不了解助学金复杂的申请流程，无法给学生准确的指导。同样的，当学生向家长咨询选课以及选专业意见时，如果家长对大学的规则以及专业要求没有足够的了解，能给出建设性指导意见的概率就更小。对于家中的第一代大学生来说，这种现象就更加突出。研究显示，和同龄人相比，家中的第一代大学生能从父母那里获得的经济支持以及学业支持都相对较低。梅埃塔（Maietta）描述了一些未上过大学的父母在帮助孩子时遇到的困难：

"所有当家长的都希望可以尽量参与到孩子的生活当中，为孩子提供帮助。到底应该参与多少，这个度是很难把握的。对于父母拥有大学经验的学生们来说，他们可以从父母那里得到的支持会更多一些。这也能让学生从容地面对大学生活，减少他们在大学中感受到的压力及不确定性，更好地规划自己的未来发展路线。"

家长们要记住，过度地参与孩子的生活，不仅不利于孩子建立自信，提高主观能动性，还会影响孩子的心理健康。关于这一部分的研究，我们也会在稍后的章节中详细介绍。如果家长不能做到及时放手，过多干涉孩子的生活，从长远角度来看，并不利于孩子们的职场发展。研究显示，如果父母过多地干涉学生的生活，这些学生在走入社会后，往往适应能力较差，在遇到困难时也更容易退缩，无法承担起责任。

一些大学会帮助学生向家长发起对话，探讨学生与家庭之间如何保持适当的边界与期望值。也有一些大学全盘肯定了家庭在学生们顺利完成学业路上的重要作用。致力于推动学生成功的大学，往往都会重视家庭对学生的影响，创造机会让家长更多地了解孩子在大学中的动向。尤其是对那些来自弱势群体家庭的学生，学校会更努力地增强家长的参与感。同时，学校也会创造机会，引导家长如何为学生们提供最佳的建议。一些学校还会通过为家长提供入学培训讲座、定期沟通和设立家长委员会的形式，为家长们打造社群。

高校应该注意，无论是和学生沟通还是和家长沟通，尽量使用通俗易懂的语言。正如我们在本章开篇时所说，大学生活对于很多学生来说都很神秘；如果学校在与学生及家长沟通时，使用大量的带着官僚作风的术语，不仅会增加学生的焦虑，让学生对大学生活感到迷茫，还不利于家长为孩子提供支持。

重视学生成功的高校会不断审视自己与学生以及学生家长的沟通方式是否正确，沟通途径是否顺畅。一些学校会特意将学校的材料翻译成多语种（如西班牙语和中文），以便学生及其家长能更好地理解。以乔治亚大学（University of Georgia）为例的一些高校，更会在入学手册中罗列出大学常见的学术术语及缩写词汇表，以帮助学生减少求学路上的困惑。学生也可以参考高校出版物中使用的语言类型，从而判断学校的日常管理沟通方式是否有利于学生理解。

师生互动

很多大学生害怕与教授互动。引起这份恐惧和焦虑的原因很多，比如害怕在老师面前说错话留下不好的印象，害怕自己的能力被大学教授质疑，害怕老师不喜欢自己所以不愿意给自己写推荐信，还有的学生单纯不知道能跟大学老师说些什么。

大二的学生艾迪生（Addison）对主动和教授沟通一事就充满了恐惧。和课业负担轻松的大一相比，大二的课程学习让艾迪生觉得有些吃力，成绩也出现了明显的下降。在朋友们的鼓励下，她犹豫再三，终于下决心去找教授寻求帮助。令她意外的是，和教授的会面和她想象中完全不同。教授很随和，对待艾迪生也很友善，很耐心地帮助艾迪生讲解她在作业中不会的难题。艾迪生在来之前反复练习的沟通语言，心里打的草稿完全没用上，她也通过这次会面对自己在这门课程中的学习有了更多的信心。

艾迪生

从艾迪生的经历可以看出，好的师生互动对学生有着积极的影响。这个结论也一直在高等教育的研究中被反复论证。

早在1977年，就有研究发现"师生互动对学生的大学经历满意度的影响，比其他任何与学生相关的因素都要大"。奇克林（Chickering）和加姆森（Gamson）也在稍后的研究中提出师生之间良好的互动不仅可以激发学生的参与度，"教师的关心还能帮助学生渡过学习生活中的难关"。简言之，良好的师生互动可以促进学生在大学中的学习和发展，帮助他们实现个人能力的提升。

良好的师生互动对学生的深远影响也会延续到学生毕业后的生活。专注于大学校友调研的盖洛普-普渡指数（Gallup-Purdue Index）表明，在大学中能够从老师那里获得支持与帮助的学生，毕业后在工作与生活中取得成功的概率更高。也有其他的研究成果支持这一发现，大学期间获得老师帮助的学生，在毕业后"获得幸福感的概率增加了一倍以上"。

通过导师的帮助，学生们可以实现多领域的发展，从而在校内外获得成功。可惜的是，很多学生都不愿意迈出第一步，主动去和导师互动。

而当学生们主动去向导师寻求帮助时，也有一些规则需要遵循。通常，师生互动会发生在办公时间（office hour）。办公时间通常是指老师们每周安排固定时间在课外与学生接触、提供指导和回答学生问题；学生也可以在这个时间跟老师沟通一下自己关于学习的想法。哈佛大学教育学院的安东尼·杰克（Anthony Jack）教授将办公时间定义为学生了解老师、接受指导、吸取经验并扩展个人社交网络的机会。

很多学生都不知道应该和教授在办公时间聊些什么，担心自己会浪费教授的时间。为了扫除学生们的困惑，鼓励他们参与互动，教授应该提前向学生解释关于办公时间的安排以及如何正确利用办公时间，并鼓励学生参加。

办公时间的沟通通常安排在导师的办公室中，一些教授为了缓解学生的焦虑情绪，拉近与学生的关系，也会将师生的互动安排在图书馆、咖啡厅等公共区域。一些教授也会利用网络，在线上与学生沟通，这对于白天有工作的学生来说十分方便。鉴于师生之间沟通的重要性，有的教授会要求学生在开学伊始就主动来找他们沟通；也有的教授会在课堂上给学生们分组，允许学生们以小组的形式跟他们直接沟通。这些都可以减少学生在和老师面对面沟通时的焦虑。

有教授推荐信的加持对同学们奖学金的申请及研究生申请甚至求职都有积极的推动作用。比如全国性的罗德奖学金（Rhodes Scholarship），会要求申请者提供 8 封推荐信！如果学生平时和教授们缺乏互动，那么他的能力以及长处就很难让教授了解到，也无法得到有实质意义的推荐信。因此学生和教授建立好的关系是十分重要的！

请学生们记住一点，大学老师选择成为教育者，意味着他们做好了准备直接和学生沟通，帮助学生成长。诚然，教师与学生合作的效果和能力可能差别很大，但至少有一个共同的期望，即他们应该帮助学生学习和成长。设计办公时间的初衷，就是用来接待学生，与学生互动，帮助学生们解决困难的。从根本上说，在办公时间接待学生，并在办公时间与学生互动是教授工作的一部分。因此，学生大可不必从心理上抵触师生的互动。

学术支持：图书馆、课后辅导、培养学习方法

大学图书馆远不只是看书的地方，它在高等教育中扮演着非常重要的角色。学生们不仅可以在图书馆查阅学术资料，还可以在图书馆工作人员的辅导下，培养自己检索信息的能力，从而更高效地找到自己所需的资料。同时，图书馆作为学生学习的聚集地，也是完成小组作业、互

相协作、建立社群的重要社交场所。

专业培训或助教提供课后辅导可以提高学生的学习成绩，对学生的成功起着重要作用。关注学生成功的学校都会提供有针对性的课后辅导，帮助学生们顺利完成学业。高校提供的课后辅导是一项面对全体学生的免费服务，辅导形式以及辅导时间都可以根据学生的需求而灵活变化；但需要注意的是，同学们应该认识到课后辅导只是课程的辅助工具，我们在第三章中讨论过的课堂中的学习仍旧是在大学中取得学业成功的关键。

高中和大学的学习有着天壤之别。很多学生在进入大学后都不知道如何学习，因此培养好的学习方法至关重要。学生在大学的学习不能只是简单重复的机械记忆，应该有更好的学习策略，培养自己的理解能力和解决问题的能力，学会举一反三。在培养学习方法的时候，学生们也要合理利用课堂内外的资源来帮助自己。

大一新生的校内支持：迎新会、入学培训、过渡期

大学迎新会是新生们了解大学的绝佳机会。迎新会通常是在入学前的一到两天。学生通常在导师的帮助下选课，并开始认识同年级或高年级的其他同学。但迎新会还可以包括时间更长、更活跃的活动。得克萨斯农工大学（Texas A&M University）的迎新活动（Fish Camp）就非常活跃且时间持续较久。有的学校也会在线上举行迎新活动。好的迎新活动可以帮助学生提升归属感，让他们以更加积极的态度开始大学生活。

然而，并不是所有学校都有迎新活动，有的学校的迎新活动也不是面

向所有新入学的同学的。高等教育有时如同迷宫，如果学生没有足够的信息和培训帮助自己适应大学生身份的话，会导致他们在第一学期就举步维艰。尤其对于来自弱势群体背景的学生来说，这种负面影响可能会更大。

当然，学生们在进入大学后需要的帮助，不止局限于迎新会。很多重视学生成功的高校会为大一新生提供为期一学年的辅助项目，帮助学生们适应大学的学习和生活。通常，这些项目教会学生如何获取校内的资源，比如课后辅导；并介绍他们认识就业指导和学术导师。

这些项目可以进一步提升学生在迎新会中建立的归属感。比如密歇根大学的（University of Michigan）的"欢迎来到密歇根计划"，就可以看作迎新活动的延续，不仅帮助学生们了解学校，也会带领学生们了解学校周边的城市环境。

高校提供的为期一学年的长期辅助项目，通常被称为"新生体验项目"（First Year Experience，FYE）。FYE 旨在通过不同形式的辅导活动，帮助新生顺利过渡到大学状态。FYE 常用的活动形式包括大一新生研讨会、学习社团以及由高年级同学领导的非常识讨论等。FYE 通过不同形式、不同内容的活动，帮助新生加深对学校的了解，拓展社交，掌握时间管理、自主学习、职业规划等多种技能，同时让学生充分感受大学校园文化的多样性。以南卡罗来纳大学（University of South Carolina）的《大学 101》（*University 101*）课程为例，FYE 项目通常由大学教授、学术顾问、与学生相关的校内员工以及优秀学生代表负责。为了帮助新生在入学后尽快融入集体生活，一些学校也会把 FYE 的相关辅导内容设置在常规课程里，比如肯特州立大学（Kent State University）的探索计划项目（Exploration Plan Program），通过社区服务和志愿者服务机会，帮助学生把课堂所学运用到实际生活，同时在学习中拓展自己的社交网络。

大学也越来越意识到，学生在整个大学生涯的转变通常会有几个节点。为了抓住这些节点，帮助学生在大学取得成功，一些学校也开始提出"大二体验计划"等项目，帮助学生更好地迎接大学生涯后半程的挑战。也有的学校会针对学生每一学年分别推出辅助项目，从而帮助学生尽可能地在大学旅程中利用资源、抓住机会，取得长足的进步。

上大学前可以做哪些准备？

时间规划是新生入学后首先要学会的技能。大学的学习和高中相比，对自主性要求更强，学生们应该能够独立制订学习计划，按照轻重缓急完成不同的任务。可以在入学前就开始培养自己的时间规划能力，例如以周为单位，为自己制订详细的日程表，合理安排学习、社交、锻炼以及休闲娱乐的时间。养成做日程计划的习惯可以帮助学生变得更有条理，更加从容地面对大学期间的学业压力。

为了能够更好地面对与大学老师的沟通，可以在高中时多与老师及校内教职员工交流。这不仅能减缓学生在大学中与教授互动时的焦虑，还能有助于扩展人际关系，当他们在大学遇到困难的时候，可以继续向高中的老师寻求指导。正如前文中所讨论的，无论是大学生还是高中生，自我反思都很重要。通过反思，学生能够更清晰地认识自己，发现自己的兴趣与优势，同时主动接触、拓展适合自己的人际网络。

可以通过以下 3 个方面了解学校对学生学术支持的力度

1. 大学是否提供高质量的导师和学生积极互动，促进学生的进步和成长？他们是如何操作的？
2. 大学是否为学生提供指导和资源，帮助学生在校内充分精进学业，扩展社交网络？具体表现是什么？
3. 大学是否为全体学生，尤其是弱势群体学生，提供有效的学业支持计划？具体表现是什么？

大学为学生提供支持的评估标准

级别	评估指标
优秀	大学能够为学生提供积极、全面、有效的指导与支持；有充足的员工满足学生多样化的需求，并引导学生在大学取得全面发展；学生可以在入学后得到来自学校的有益帮助，迅速适应大学生活；当学生遇到紧急情况，学校也有相应的措施提供帮助
良好	大学能够为学生提供指导与支持，并积极主动地解决大多数学生的需求，引导学生在大学全面发展；在大学为学生提供的支持项目中，有些学生的需求也许会被忽视，从而得不到有效的帮助
中等	大学试图为学生提供全面的指导与支持，但受资源限制，不是所有学生都能得到校方的支持。同学们在接受指导时，个人体验差异较大。学生们在入学后可以得到校方的指导，但该指导并不能满足全体学生的需求
一般	大学提供的指导通常只关注课程注册，而不关注其他领域。指导水平参差不齐；学校开设的支持项目覆盖范围有限，多针对弱势群体或有特殊需求的学生
较差	大学提供的指导几乎只关注课程注册，导师水平参差不齐，员工人手不够，无法满足学生需求；任何学生都无法从学校获取学术支持，也没有任何新生入学的培训项目

第三部分
全面成长

课外实践学习也是大学学习生活中的重要部分。

什么样的实习机会应该去争取呢?

哪些本科科研项目应该积极参与呢?

大学期间，学生是否需要参与社区服务呢?

海外学习经历和课外实习经历对学生的个人成长又有哪些影响呢?

人们常说，大学就是一个小社会。你应该如何适应校园文化，开启社交生活，建立归属感，在大学生活中保持身心健康呢?

第五章

课外实践学习

　　大二学生乔纳（Jonah）计划本科毕业后进入法学院攻读硕士学位。他在学校网站上申请了法律方面的"工作观摩"项目，希望通过这个机会，观摩、了解法律领域都在做什么。乔纳顺利得到了这份实习机会，实习期间，他一直努力观察辩护律师的工作日常，了解得越多，乔纳学法律的想法就越坚定。乔纳希望自己可以在这家律所得到一个真正的实习机会（并非只是观摩），于是他坚持与自己跟随的律师保持邮件往来，并且积极表明自己希望可以继续实习的意愿。功夫不负有心人，在大二

乔纳

春季学期伊始，乔纳获得了在这家律师事务所正式实习的机会。

一边实习一边读书的乔纳惊喜地发现，他不仅没有因为兼顾两者出现成绩倒退，实习经历反而使他的课堂表现更加突出。乔纳可以迅速地将书本上的知识与他的工作经历结合起来，很多曾经他认为枯燥无味的知识点也因为与实习中遇到的实际情况一致而变得有趣起来。乔纳的学习动力变得越来越强，也能越来越熟练地把所学知识运用到实际工作中。同时，通过和同事们沟通，乔纳的交流能力也有了很大提高。这给了他更多的信心在同学们面前展示自己的能力，也让他在和教授面对面沟通时更加自如。

乔纳的经历充分证明了课外实践学习能帮助学生提高课堂表现。印第安纳大学高等教育研究中心（Center for Postsecondary Research at Indiana University）于2005年发起了一项名为"美国大学生参与度（National Survey of Student Engagement，NSSE）"的调研活动，每年NSSE都会搜集数百所参与调研的高校的学生数据，通过学生的课堂表现、课外时间安排及学生的学习习惯养成等维度，分析出能够提高学生能力的实践活动列表（High–Impact Practices，HIPs）。研究人员特意强调了清单中的实习、本科科研项目、服务型学习及海外学习经历这4项实践活动，指出它们对学生的成长有重大影响。我们会在本章逐一分析这4项实践活动。

高质量的实践活动对学生在大学中取得成功有重要作用。"高质量实践活动和学生的发展息息相关。其作用在校园内易被忽视的学生群体身上尤为明显。参与高质量实践活动不仅能提高学生的学业表现、毕业率及大学体验的满意度，学生的学习能力、解决问题的能力也会增强"。同时，学生的学习热情、求知欲、自信心，以及主动学习的意愿也能被高质量的实践活动调动起来，学生们通过参与这些活动，能够看到自己给社会带来的真实影响。

参与实践活动还能有效提高学生的实际操作能力及团队协作能力。当学生长期与同学及校内教职工合作时，通过密切接触，"学生们之间的心理隔阂也会随之减小"。通过实践活动，同学们可以扩宽自己在校内的人脉，而参与服务型项目，尤其是社区建设项目，能帮助学生在校内获得更好的声望。这些都有利于提高学生在高校中的归属感，帮助他们找到自己的价值所在。

高质量的体验式学习可以帮助学生发掘兴趣所在、确立奋斗目标、培养专业技能、提高学习能力和社交能力。而设计拙劣、时间仓促且没有挑战性的体验式学习，其效果是完全无法与高质量的体验式学习相比较的。

研究显示，参与体验式学习还能对学生在毕业后的发展起积极影响，无论是就业，还是继续深造，都会有更高的概率取得成就。可以说，学生们参与高质量的体验式学习的机会越多，收获就越多。举个简单的例子，在申请研究生时，本科时期参与科研项目的同学会比没参加科研项目的学生更容易被录取。而本科时期拥有带薪实习经历的学生也比没有同等经历的学生更容易找到工作。

山姆（Sam）的个人经历就很典型。他上课积极，听课认真，成绩不错，却极少参与课堂互动，也很少跟教授交流。山姆除了学习，唯一的爱好就是打游戏。当面临毕业找工作时，他发现自己很少能拿到用人单位的面试机会。一位面试官给了山姆答案：山姆的成绩不错，但职场只有成绩是不够的。用人单位不仅要从求职者身上看到这个人具备哪些能力，更要看到这些能力是如何培养出来的。用人单位喜欢的候选人在成绩过硬的同时,还要有科研能力及丰富的实习经历。山姆的经历太过单一,尽管成绩不错,但他无法证明自己有能力把课堂所学与实际工作联系起来。因此,跟其他人相比,山姆的竞争力较弱。

山姆

由此可见,实践活动本身就是极佳的学习体验,能对学生产生深远的影响。然而现阶段,学生参与实践活动的比例并不均衡,不同地区之间学生参与实践活动的程度也有明显差距。可接触到的教育资源比较差的学生,如社区大学的转学生、低收入家庭的学生、非裔及拉丁裔的学生,以及家中的第一代大学生,他们参与实践活动的比例,比常规教育条件下的同龄人要低很多。他们可能是因为意识不到这些机会的存在,或者因为经济问题和其他困难,而无法参与到这类体验式学习中。对家庭条件好、教育资源充沛的学生来说,实践活动可能是去华盛顿特区国会实习,也可能是去欧洲游学,还可能是到纽约参与项目研究。这些机会都能帮助他们完善个人履历,同时拓宽人脉。

以学生成功为重心的高校，通常会为学生的课外实践学习提供足够的支持。比如埃隆大学（Elon University）就要求全体学生参与不同形式的课外实践学习。也有一些高校会更专注于一些特定形式的课外实践学习。我们将在后文为大家详细介绍。

实习

实习通常指学生在职场环境中学习，从而获得工作经验，丰富课内外生活。实习内容通常与学生所学专业或职业发展方向相关，实习的目的是帮助学生明确职业方向、培养职业技能，从而在毕业后顺利走入职场。

求职者的实习经历是企业在招聘时十分看重的一部分，优质的实习能为学生带来更多的就业机会。美国大学与雇主协会（National Association of Colleges and Employers，NACE）在 2018 年发布的调查结果显示，超过 50% 的实习生可以在毕业后顺利转正。而一项针对雇主的调查显示，"公司更愿意雇佣拥有实习经历的应届毕业生"。

实习期的长短及实习项目的质量都是学生在选择实习时需要参考的因素。时间长、充满挑战且可以让学生拥有沉浸式工作体验的实习，实习效果会更好一些。大学中有一种常见的实习模式——"合作教育项目（CO-OP）"，这是一种将大学的课堂学习和实际的工作经验结合在一起的高等教育模式，这些实习项目通常会持续至少一学期。

大部分美国高校对学生的实习经历非常重视。一些大学的部分专业会将学生的实习经历换算成一定的学分，而有些专业更是将实习经历列入毕业的先决条件之一：比如商学院会要求学生在毕业前必须拥有实习经历；护理专业的学生在毕业前需要在医疗机构完成一定时长的临床实习等。当然，也有一些美国高校不看重学生的实习经历，这些学校可能更加关注学生在其他领域的能力培养。

有些高校可以提供为期1天或1周的工作观摩机会，学生可以观摩或者实际参与到企业的工作中。这些工作观摩一般是由校方牵头，携手校友或社会企业，给学生提供实践经验，而对于企业来说，这也是进行人才储备的好机会。除此之外，如果学生想选择更短期的实习项目，也能选择以项目为基础、时长不超过40小时的实习机会。

面对有创业梦想的学生，很多高校也有一系列支持措施：提供创业资源及资金支持，同时为学生的创业方案提出专业建议，从而帮助学生实现梦想。

学生在衡量一份实习工作的质量时，通常会考虑以下两大因素。

- **该实习机会是否有利于未来的职业发展**

  大学生在选择实习机会时，一定要提前了解具体的工作内容。泡咖啡、跑腿这种没有实际意义的工作，或者对学生的未来职业发展毫无帮助的实习，都不是高质量的实习机会。对于那些校方牵头协调来的实习机会，学生可以去了解学校选择这些机会的原因：工作内容是否有意义；学生是否有机会得到学习和锻炼；实习过程中是否有专业人士监督、指导学生；实习期间，学校是否能为学生提供帮助等。同时，学生在选择实习机会前也要提前从学校了解校内是否有相应的资金支持。

- **是否是有偿实习**

  研究显示，拥有带薪实习经历的学生比只有无偿实习经历的学生更容易获得全职工作和高薪待遇。但是带薪实习的机会是有限的，2018年全美40%的实习机会都是无薪的。因此获得带薪实习机会的竞争尤为激烈。

不同的高校对学生的实习有不同的支持措施。有些高校只鼓励高年级的学生参与实习，但其实实习经历对任何阶段的学生都是有积极影响的，比如可以带来新的视角、锻炼学生的技能、引导职业发展等。因此，学生一定要提前了解学校对学生的实习都有哪些具体的支持措施。

艾琳（Eileen）和菲利普（Phillip）分别选择在大学的不同阶段开始课外实习。

艾琳和菲利普

艾琳选择的专业是传播学，她为自己规划的职业发展方向是成为一名制片人。在大学正式开始之前的暑假，她选择去当地的一家电视台实习。通过这份实习经历，艾琳发现自己并不能承受制作人的日常工作状态及压力，虽然无法实现自己最初的职业梦想有些遗憾，但是这份实习经历帮助艾琳及时调整了所学专业及未来职业发展规划，从而避免了在学业上产生更大的负面影响。

而菲利普则选择在大三结束才在少年司法中心开始了第一份实习工作。菲利普没有预料到，法律领域的工作极度繁忙，这种超负荷的工作状态并不是他想要的。但因为已经面临毕业，来不及转专业了，菲利普陷入了困境。

本科科研项目

大学教授除了授课，科研也是重要的工作内容之一。学生可以借此机会了解重要的社会问题，并找到解决方案。每个专业、每个学科都有可以进行研究的课题：生物学可以研究癌细胞；社会科学可以研究选民投票制度；人文和艺术领域则可以研究音乐创作、古文翻译等。

科研不是研究生、博士生的专属工作，本科生也可以做科研项目。美国有一个专门促进本科研究的组织，叫作"本科生科研理事会（Council on Undergraduate Research，CUR）"，该组织将本科科研项目定义为"由本科生开展的对学科有独到见解和贡献的调研活动"。在本科生科研项目中，学生通常以助手的形式帮助导师或研究生完成项目。而一些专业水平和科研能力较高的本科生也可以自行开展项目，并在导师和研究生的协助下完成科研活动。通常，越是优秀的大学，越愿意让本科生拥有更多的科研资源。

本科科研项目中有一些项目是可以给学生学分或者酬劳的，也有一些项目是完全义务参与的模式。本科科研项目的参与时长各不相同，成果展现形式多样。有的学生可以在校内研讨会上展示自己的科研成果，有的学生可以和教授一起参与行业论坛并发表研究成果，还有一些本科生可以和导师一起完成科研报告，并在报告上署名，发表在国内外的学术刊物上。

无论学生参与本科科研项目的形式及最终呈现方式如何，这些科研经历都会对学生产生积极的影响。学生参与科研项目的时间越早，效果则越好。学生如果能在入学的头两年参与科研项目，这对他们明确专业方向、提升课堂表现、与教授建立良好关系从而获得教授认可都有帮助。总之，参与本科科研项目能够帮助学生提升个人能力，加强校园归属感，培养独立思考的能力。

拥有本科科研项目经历的学生，无论是申请研究生，还是走入职场，都具备一定优势。对于申请研究生的学生来说，本科的科研经历可以让学生在面对研究生阶段密集的科研项目时做好更充足的准备。而对于初入职场的学生来说，在本科阶段拥有科研经历，不仅能帮助他们更好地与雇主沟通，还能培养学生的批判性思维和解决复杂问题的能力。

黛安娜（Diana）就从她的本科科研经历中受益匪浅。大一时黛安娜作为唯一的研究助理开始了她和一位社会学专业导师的本科科研项目。在此以前，提起科研项目，黛安娜想到的都是穿着白大褂的人在实验室里做实验。她觉得自己跟科研既没关系，也不感兴趣。然而这次的科研经历却彻底改变了她的想法。通过在项目调研阶段对低收入家庭的实地探访，黛安娜发现不仅自己的研究水平有了提高，跟教授之间的沟通也更顺畅了。可以说，本科的这段科研经历帮助黛安娜提高了学业水平，促进了她的个人成长，让她在大学中更加游刃有余地学习和生活。

黛安娜

不同的大学提供给本科生的科研机会各有不同。我们在第二章中介绍过大学的不同类型，其中规模较大的R1级大学相比其他学校，能够为学生提供更多的科研机会。这些科研项目除了来自联邦政府或者州政府的资助，也有一些是学校直接拨款资助的。

学生在申请本科科研项目时，比较传统的申请方式是找到负责该项目的教授，与其沟通，争取参与机会。选择这种方式，学生需要具备比较好的心理素质。因为直接找教授申请不仅需要学生鼓起勇气与教授面对面谈话，同时也需要学生承担较高概率的被拒绝的结果。尤其是健康科学领域的学生，他们都希望能够拥有本科科研经历，从而提升自己在申请研究生或医学院时的竞争力。当然，也有一些教授会主动邀请成绩优异的学生加入他们的科研项目。

重视本科科研的大学，通常都会有健全的机制保障本科生获得科研机会。以密歇根大学（University of Michigan）非常资深的"本科科研机会项目（Undergraduate Research Opportunity Program）"为例，这个项目旨在通过匹配，让学长、学姐帮助大一、大二的学生和校内转学生获得本科科研机会。参与该项目的学生需要在学年末的总结大会上公开展示自己的科研结果。如今，越来越多的美国高校开始模仿密歇根大学的这一模式。

一些高校还开设了专门的课程来培养学生的科研能力。在这些课程中，学生通常先从理论出发，学习科研的基本概念。理论基础打好后，学生会在教授的带领下完成研究性论文写作。一些学校会要求学生在大四这一年完成原创性科研项目后才能顺利毕业。这与我们在之前的章节中介绍过的整合性专题实作课程非常类似。作为一所重视培养学生研究能力的学校，普林斯顿大学（Princeton University）的办学宗旨为"培养学生的学术热情及独立思考能力"，该校所有学生都必须完成原创科研项目，才能顺利毕业。

服务型学习

服务型学习是指学生自愿参与以非营利组织为代表的社区团体工作。社区是课堂的延伸，在参与社区服务型学习的过程中，学生可以通过观察发现问题，然后把自己的专业知识运用到实际生活中去解决问题。在这一过程中，学生不断摸索反思，从而全面提高自己的能力。调查发现，服型学习课程对学生毕业后的人生也有帮助；非营利组织的雇主"更愿意雇佣拥有服务型学习经验的毕业生"，这和雇主对实习的看法是一样的。

内布拉斯加大学奥马哈分校（The University of Nebraska-Omaha）的服务型学习学院（Service Learning Academy），负责协调校内多个服务型学习课程。学习过商业道德课程的同学会被安排从事社区合作机构的道德审计工作，从而帮助社区及其合作机构建立最佳的道德规范机制。学习过早期儿童发展课程的学生，在参与服务型学习时，大部分会被安排到教育资源短缺的社区。学生通过设计、教授课程，帮助这些社区的孩子们学习知识，培养优秀的阅读习惯。这些实践经验可以帮助学生更好地培养自己的专业技能。

研究显示，学生参与服务型学习不仅能丰富个人经历，还能提升学生的公民参与意识，以及为他人服务的意识。这些意识，将会对学生的大学生涯乃至一生发展，起到积极作用。

海外学习经历

作为高等教育体系的一部分，学生走出国门感受国际化教育，在全新的环境中，挑战自我，探索全新的教育体验。国际化教育不仅能够培养学生的全球化思维，还能提高学生的适应能力，让学生更加自如地应对多样化的学习及工作环境。

海外学习经历需要学生长期沉浸在陌生环境中，独自处理人际关系及各种新的挑战。因此，海外学习经历通常会对学生产生非常深远的影响；而对于那些海外学习时间较长的学生，这种影响和改变会贯穿他的一生。因此，学生们在选择海外学习项目时，一定要注意项目的质量。

海外学习经历一般由大学（或相关辅助机构）组织。负责任的大学会为学生的海外学习全过程提供支持。如引导学生反思，帮助学生梳理学习规划，并通过对学生能力的评估安排某些工作。常见的海外学习经历包括以下 7 类：

● **传统出国游学**：学生前往别国学习。在别国的学习生活会有当地的教职工支持辅导，并帮助学生规划学业。这一类项目的学习时间长短不一，可以是 1 周，也可以长达 1 学期。

● **交换生**：学生前往别国大学学习 1 学期或 1 学年，其间所获学分可以转回本校。通常情况下，学生的本校会与交换学校之间签署特别的合作协议，并规定学生在交换期间按原本学费标准支付学费。

● **国际实习**：学生到海外国家的企业、非营利组织或政府机构实习。这些机构和组织一般都与学校有特殊关系或协议，这才能为校内学生提供这些机会。比如，若一所大学在伦敦设有工作人员，该校学生则有机会被安排进英国议会、大英博物馆或巴克莱银行进行实习。

● **国际科研经历**：当本科生参与本科科研项目时，可以在海外参与科研活动。比如研究气候的学生可能会去亚马孙热带雨林实地考察，完成自己的研究。

● **国际志愿者服务**：学生选择与学科相关的海外组织，提供志愿者服务，并从服务经历中提升个人能力。

● **第一学期/第一学年海外游学**：学生在大学第一学期或第一学年

选择到海外学习，所获学分可以直接转入本校。

● **学业间隔学期/间隔年**：学业间隔学期/间隔年是在欧美很流行的一种方式。学生推迟入学，利用这些时间去进行体验式学习。学生通常会选择出国旅行或出国做志愿者。

海外学习经历可以推动学生个人能力的提升：沟通能力、适应能力、解决问题的能力，这些都是留学生必须具备的基本能力。而全新的教育环境还能激发、培养学生的创造力，同时还能促使学生反思、提升自我认知、扩宽人脉。这对未来将走入职场的学生来说，都是宝贵的资源。

海外学习经历对学生的影响是长久而深远的。许多调查结果表明，应聘者的海外学习经历会影响企业的招聘决策；同时，海外学习经历也能为步入职场中的人提供更多发展空间和晋升机会。

以下两位学生的海外学习经历，可以更好地帮助大家了解海外学习的优缺点。

米娅（mia）和卡莱布（Caleb）都选择去西班牙进行海外学习。米娅选择在巴塞罗那游学一个夏天，从而了解当地文化，提高自己的西班牙语水平。米娅的室友跟她是本校同学，到了巴塞罗那之后，两个人几乎同进同出。一个夏天过去了，米娅的西班牙语水平没有任何提升，而且由于没有具体的学习规划，也没能深入了解当地的人文风情。米娅很后悔，觉得这趟西班牙之行毫无意义。

卡莱布选择去瓦伦西亚学习。在前往瓦伦西亚前，学校就组织大家进行培训，引导大家一起讨论瓦伦西亚的历史文化及现代景观。学校还给学生布置了"功课"，要求大家自学瓦伦西亚的相关资料。卡莱布所在

第五章 > 课外实践学习

的学校为了把学生推出舒适区，还在瓦伦西亚提前为他找了一份实习工作。就这样，卡莱布在瓦伦西亚的时间忙碌且充实，每天都要用西班牙语和不同的人打交道。因为卡莱布对这座城市充满了好奇，加上提前查阅了很多资料，于是他经常一个人去探索这座城市。这段游学经历对卡莱布来说充实且收获满满。

米娅

卡莱布

评估大学的课外实践性学习

学生在评估大学提供的课外实践学习时，首先要了解学校以何种方式帮助学生获得课外实践学习机会，是否为学生提供必要的指导或介绍人脉资源，是否能帮助学生找到高质量的课外实践学习机会。

同时，大学的导师是否能为学生的课外实践学习提供强有力的帮助，也是学生需要考虑的因素。经验丰富的导师可以在学生顺利完成学业的前提下，合理规划学生大学四年的课外实践学习计划，将学生在大学四年中的课外实践经历最大化，比如：大一参与科研活动，大二进行服务型学习，利用暑假体验海外学习，大三开始去实习。

学生还需要了解校内学生参与课外实践学习的比重有多大。很多大学都会在官网和宣传材料上公布校内学生课外实践学习的参与率。也有一些教育机构，如国际教育研究所（Institute of International Education），每年会发布一份开放报告（Open Doors），汇总各高校学生的海外学习数据，以及大学为学生提供的各种资源的数据。如果学生找不到相关信息，可以直接向大学询问关于课外实践学习的项目介绍、学生参与率，以及不同专业之间的参与差异。同时，学生还应该考虑学校能够提供多少课外实践学习的机会；项目范围有多大；机会分布是否均等；对于参与课外实践学习的学生，校方是否提供资金支持等。

如果学生非常看重课外实践学习，那么大学的地理位置也是需要考虑的因素。如果这所大学坐落于大城市，那么学生能获得的实习机会、研究职位和渠道自然更多。比如在华盛顿特区上学的学生，会有更多机会去非营利组织、政府机构或者跟着专家小组进行课外实践学习。

当然，地理位置并不能对大学课外实践学习的质量起决定因素。只有以学生成功为重心的大学，才愿意为学生提供高质量的课外实践机会：比如为学生提供更多的校内本科科研项目，或者安排学生在当地社区进行服务型学习，又或者参与全国甚至国际性的实践学习。如果学校能够为学生课外实践学习提供充足的指导与资金支持，学生的机会就更多了。当然，学生也可以发挥主观能动性，自己去校外寻找机会。比如暑期实习，这是一个绝佳的开展课外实践学习的时机，学生能在不同城市实习，或在其他大学做研究。

上大学前可以做哪些准备？

考虑到课外实践学习的重要性，学生可以尽量在入学前就做好准备。比如在高中时期就开始参与课外实践学习：参加服务型学习、获得实习机会、出国游学或出国旅游感受不同文化、主动寻求与高校老师合作开展科研项目。这些不仅能使学生提升个人能力，还能使学生在申请大学时脱颖而出。在高中就有课外实践经验的同学，进入大学后也更容易明确自己的目标。比如，若学生在高三时就对某一课题有所涉猎，那么在进入大学后，学生就可以对该课题进行深入研究。

如果学生选择在大学开始前，先间隔一年的话，那一定要好好利用这一年的时间，为进入大学打好基础。在这一年里，学生可以多参与实习、服务型学习、科研实践性学习等项目，积累经验。有效利用间隔年的同学，在入学后能明显感受到自己能力的提升；而虚度这一年的同学，可能会导致学业的荒废。美国间隔年协会（Gap Year Association）可以为学生提供符合协会标准的项目，帮助学生以更有意义的方式度过这一年。数据显示，大部分体验过间隔年的学生，在入学后往往会有很好的学术表现，并且积极参与校内外活动。

通过以下三方面了解高校的课外实践学习项目

1. 学生是否普遍有机会参与课外实践学习？
2. 学校为学生参与课外实践学习提供了哪些指导、咨询与支持？
3. 学校为学生提供的课外实践学习机会的质量及影响力如何？

大学课外实践学习的评估标准

级别	评估指标
优秀	大学不仅提供多种高质量的课外实践学习机会，还为学生提供指导，并引导学生反思；在学校的倡导下，学生课外实践学习参与率高；课外实践学习内容与学生课堂所学能够融会贯通；校内给学生参与课外实践学习提供充足的资金支持和辅导，鼓励学生参与课外实践学习，甚至参与多个实践项目的学习
良好	大学能为全体学生提供广泛的课外实践学习机会，并且学生在参与实践学习的同时可以获得学分。校方可以为学生的课外实践学习提供资金支持及导师辅导；尽管学生课外实践学习的参与度高，但学校所提供的机会不足以满足全部学生的需求
中等	大学能为部分学生提供课外实践学习机会；校方能为参与课外实践学习的学生提供有限的指导，但指导质量参差不齐；部分参与课外实践学习的学生可以从学校获得资金支持，并通过实践学习获得学分
一般	大学能提供一些水平参差不齐的课外实践学习机会，学生的参与度有限，尤其是弱势群体学生的参与度低；学生参与实践学习时能从学校获得的资金支持及辅导都非常有限
较差	大学几乎无法为学生提供课外实践学习机会；只有少数同学可以通过自己的努力获得参与课外实践学习的机会；学校不能为学生的课外实践学习提供任何资金帮助或指导，也不能给参与实践学习的同学提供学分

第六章

在大学中如何结识益友、提升校园参与度及培养领导能力

卡蒂亚（Katia）选择了一所外州的高校就读，初入校园时，身边一个朋友也没有。令她欣喜的是，室友是一个很友好的人，两个人很快就成了朋友，并且逐渐把朋友圈子扩展到宿舍同楼层的同学。开学几个月后，卡蒂亚逐渐感觉到这个圈子并不适合她。每当她提起自己喜欢的课程时，身边的朋友总说谈学习太无聊，纷纷取笑她。同时，卡蒂亚发现身边的朋友和自己都没有参与任何学生社团或校内活动。但其实卡蒂亚的内心十分渴望能参与到这些活动当中，她由衷羡慕能参与学生会或者参与校内体育项目的同学。终于，在大一结束时，卡蒂亚决心重塑自己的社交圈。在与室友及现有朋友保持友好关系的前提下，她慢慢走出旧的社交网络，结识新的朋友。

人们常说，大学时光是一生中最美好的时光，学生应该尽情享受大学生活的美好：结识朋友、参加活动、拓展人脉、社交娱乐、分享经历等。大学丰富多彩的生活可以促使学生反思自己的价值观，梳理自己对未来的规划。

卡蒂亚

  一些学生并不看重大学的课外活动，但这些课外活动也是大学学习生活的重要组成部分。在大学生活中，学生彼此激励、互相影响，在互助的模式下一起培养习惯，重塑价值观，打破固有认知，建立新的思维模式。

  很多学生说，在大学生活中，与身边同窗的互动及课外生活的体验，促进了自己的成长。这种成长，是如何发生的呢？

  在大学体会到归属感对学生取得成功起着重要的作用。进入大学后，如果能获得校方的支持，学生可以更加迅速、顺利地参与校内活动，并建立人际关系。因此，学生在选择学校时，应该提前了解校内学生活动是如何运作的，学校是否有对这些活动提供专门的支持。

研究显示，多样化的社交网络对学生有积极的影响。在大学中，同学们有机会遇到来自不同背景、不同社会地位、思维模式迥异的同学。当不同的想法相互碰撞时，往往可以激励学生挑战自我，挑战传统认知，从而获得成长。很多大学新生入学后都愿意停留在交友舒适圈：只跟和自己相似的人一起玩。但研究表明，在大学中拥有多样化社交网络的学生，在个人、智力及品行上的发展，都要远超停留在社交舒适圈的学生。

很多学生进入大学后仍停留在自己的高中社交圈中，并不主动在大学寻找新的友谊。研究显示，这些学生的是非观要弱于进入大学后积极拓展社交网络、结实好友的学生。是非观是客观地思考哪些行为被认为是正确的，哪些行为被认为是错误的。当学生接触到了更加多样化的社交群体后，对不同背景、不同种族、不同宗教信仰的学生有了更加深入和多元的了解后，自己的思想也会变得更加富有包容性。因此，他们能够有更高的是非判断能力，去理解、欣赏这个多元化的世界。

可以说，在大学中主动"破圈"，结实身边形形色色的同窗，打破固有社交观念，是学生获得成长的关键。

学生时期，亲密无间的友情固然重要，但大学时期的社交网对学生的发展也有重要作用。相较于社交网络单一的学生，拥有多元化社交、在不同场合都能拓展人脉的学生会有更好的发展机遇。

很多学生喜欢停留在自己的社交舒适圈内，只跟与自己思维模式、言谈举止甚至穿着打扮相似的人相处。但长期如此，会让自己与外界脱节，无法适应社交舒适圈外的人际交往方式，从而使自己的发展受限。

对于进入全新环境的大学新生来说，"破圈"是一件需要破釜沉舟的事情。毕竟待在交友舒适圈中可以给面临全新挑战的新生带来一份熟悉感和稳定感。但研究表明，社交"破圈"不仅有必要，而且对学生的自我认知，以及对世界的认知，都有很大的提升。多样化的社交网络可以增强学生的同理心，从别人的角度和背景出发看待、分析事物。学者玛莎·努斯鲍姆（Martha Nussbaum）把这种同理心称为叙事想象（narrative imagination）。而这份同理心是我们活在这个多元化的世界中的核心理念。当我们能从别人的角度来理解这个世界时，便能看到自己的决定对其他群体产生的潜在影响，从而做出更加全面、妥善的决定。

学生群体的构成和学生之间的互动方式，对培养学生的叙事想象能力有着重要作用。校内学生群体是否多元化？学校是否积极引导校内学生活动？这些都是学生需要提前了解的信息。高校如果想提升校内学生群体的多元化，首先要做到招收不同背景的学生。多样化的学生群体，从某种程度上可以激发学生的学习积极性，提高学生选住在学校宿舍的意愿，还能提升学生参与校内社团活动、与志同道合的伙伴共同学习成长的积极性。

当然，单从招生数据上实现多元化是远远不够的。学校既要保障校内资源公平覆盖多元化学生群体，又要主动促进多元化学生群体的融合。比如在宿舍安排上，安排不同背景的学生生活在一起；设立开展有益于多元化发展的学生组织和学生活动；引导校内探讨关于促进多元化的议题。

学生能够享受大学生活，在大学生活中留下美好的回忆，自然是重要的。虽然我们不能功利地去计算在大学生活的过程中哪一段关系和经历能给学生带来哪些实际的价值，但学生也不要在享受之余完全忽视个人成长。在有总体规划的前提下，学生应该在大学求学的过程中认真思考，及时反思周边的环境及人际交往对自己的影响。

寻找适合自己的校园文化

学生在择校时要记住，适合自己的并不是特定的一所大学，而是一类大学。因此，大可不必"在一棵树上吊死"。大学的学生活动丰富多彩，参与的机会也很多，无论学生是喜欢戏剧表演，还是对机器人感兴趣，总能在大学校园内找到适合自己的活动。当学生找到了适合自己的校内社团、组织或学生活动时，随着活动的开展及社交网络的扩宽，学生对大学的归属感及满意度也会逐渐增加。

当然，很多大学也会有重点推行的校园文化：比如一些大学以体育见长，因此秋季学期的大学生橄榄球比赛和春季学期的大学生篮球赛便是校内的主要活动；而有些学校可能更加关注时政，校内经常组织高水平的演讲活动；而艺术类大学则会在校内提供给学生很多观展、观影、歌剧欣赏、戏剧欣赏等活动。

如果学生想提前评估一所大学的校内文化，除了查阅大学公开的官方数据及浏览学校官网，还可以到校园实地参观，找机会和在校学生聊天，问他们如何分配时间，留心与在校学生的对话，这也是了解学生校园生活非常有效的手段。

高校的校内文化通常是多样的，规模较大的学校尤为明显。即便校内有主导文化，学生仍然可以在校内找到自己感兴趣的群体。很多学生认为大学规模会影响学生活动的气氛及学生之间的相处方式，比如越大的学校，学生之间越疏离，越小的学校，学生之间的关系越紧密。但这并不是绝对的。也许规模小的学校看似比较容易融入，但在规模较大的学校里，学生可以寻找小型社团，与同学们建立亲密关系。大学周边环境及所处社区也会对校内文化产生影响，因此，学生们在选择学校的时候也要考虑目标学校的周边社区文化及当地的政治动态，从而对学校的校内文化有更好的预期。

归属感与冒名顶替综合征

很多学生在大学中都会经历这样的自我怀疑："我属于这里吗？"

归属感和被重视感是人类幸福和学生取得成功的基础。研究人员斯特雷霍恩（Strayhorn）将这种归属感定义为"学生在校园内能够感受到的支持；这种支持可以是与学校的一种联结感，也可以是感受到来自学校的重视、照顾与尊重"。

在高校中感受到归属感，对学生顺利完成学业有正向推动作用。当学生觉得自己不属于这所大学时，就容易产生退学的念头。这种念头会阻挡学生探索校内生活，实现自我突破。当学生觉得自己是大学中的重要一员时，其个人发展状况、学术成功率、校内活动参与度及毕业率都会有提高，心理健康状况也比较积极向上。

如果校内文化并不具备多样化和包容性，那么来自弱势群体的学生或家里的第一代大学生，在校内的归属感往往会低一些。

当学生没有归属感时，往往会出现一种心理现象，叫作冒名顶替综合征（Imposter Syndrome）。冒名顶替综合征是指人们觉得自己不配拥有当下境遇的一种心理现象。在高校中出现这种现象，往往是学生觉得自己配不上就读的学校。他们总在担心自己是不是能力不足，学校是不是录取出错才给了他们学习机会。

冒名顶替综合征并不是学生的专属，各行各业的人甚至大学教授，都会出现这种心理现象。当学生在校内的归属感很低时，出现冒名顶替综合征的可能性就会增大，这也是很多家中第一代大学生出现冒名顶替综合征的原因。严重的冒名顶替综合征会让学生在校内表现不佳，没有参与任何校内活动的热情。这会削弱学生申请各项荣誉、助学金、学术机会及奖学金的意愿。有冒名顶替综合征的学生经常会妄自菲薄，觉得自己配不上以罗德奖学金为例的专业奖学金，更不会去申请，从而白白浪费了自己的实力。

高校应该把提升学生的归属感作为日常工作的重心之一，通过包容和开放的校内文化帮助学生免受冒名顶替综合征的影响。如果学校有多元化背景的教职工群体及在校学生，可以通过他们帮助来自少数族裔或弱势群体的学生在校园中找到归属感。教授也可以通过分享自己做学生时的经历，拉近与学生的距离，淡化学生因为缺乏归属感而带来的焦虑。很多学校还会为归属感较低的第一代大学生专门设立庆祝活动，比如"大学欢迎你（First to College）"活动，帮助这些学生适应大学生活。如果学生在一段学习生活后感到缺乏归属感，校内也应该有专人引导这些学生，为他们进行咨询和指导。

有些学校在提升学生归属感方面实行了非常有效的措施。这些措施包括为学生，尤其是大学新生设立特定项目，从而使学生适应、驾驭大学生活；学校领导及老师在校内积极推动公平包容的校风，带领学生一起反对种族主义。很多高校也会从制度层面确保校内政策、实践及校园文化公平公正，不仅杜绝种族歧视苗头的滋生，也保障学生都能享受、参与到校内多样化的学生活动中。在衡量高校的措施是否能有效提升学生归属感时，应重点考虑学生是否能充分参与到本书前文提到的实践性学习、对学生进行主动引导、社区建设项目，以及以学生为核心的授课方式等教学活动中。

在本章后半段，我们会重点讨论校内学生活动的多种形式，包括学习共同体（Learning Community）和学生会等。这些活动，都是增加学生归属感的重要途径。

学习共同体：大学中的小团体

学习共同体是学生在大学中建立团体观念的重要途径。新生入学后，学校通常会把兴趣相仿、专业相同或者参与同一活动的学生聚集起来，组成学习共同体。校方会为学习共同体精心设计一些项目来提升学生的归属感：比如组织FYE（First Year Experience）项目的同学在老师及学长学姐的指导下，每周进行一次面对面交流。除此之外，当某些学生同时一起上几门课程时，也会自然而然地产生一个小的学习共同体，形成小社交圈。这种以课程为背景的学习共同体，将学业与社交生活融为一体，对学生的表现有很大的影响。

得克萨斯大学奥斯汀分校（University of Texas at Austin）的360度关系网项目（360 Connections）就是一个帮助学生匹配学习共同体的范本。参与该项目的每一名新生都会被匹配一名学长或学姐，指导新生在学习共同体中的活动。新生在导师及学长、学姐的指导下，按照自己的兴趣及需求，找到适合自己参与的学习共同体。对于那些需要更多支持和陪伴的新生来说，以宿舍楼为单位的学习共同体，能更好地满足他们的需求。

荣誉课程

美国大部分大学都会在本科阶段开设荣誉课程项目。荣誉课程主要是为全校范围或特定专业里学术成绩突出的新生，提供由荣誉导师授课的高质量、高挑战性课程，类似于国内"重点班"的概念。参与荣誉课程的学生，除了可以享受到海外游学、本科科研及创新研究等特设项目，还有可能获得优先选课权。荣誉课程项目将优秀的学生集中在一起，他们互相激励、共同进步，形成一个强劲的学习共同体。

一些大学会通过提供奖学金的荣誉课程吸引优秀学生报考。被荣誉课程录取不仅会让学生的个人履历更加出众，也能让学生在校内获得教育特权：比如师从更有声望的老师，或学习更有挑战性的课程。因此，一些优秀学生会在普通大学的荣誉课程和优秀大学的普通课程中选择前者。

对于优秀学生来说，大学的普通课程可能并没有什么挑战性，荣誉课程可以弥补这一缺憾，让优秀学生在大学中充分挖掘自身学习潜力，不断挑战自己，将大学教育经历体验到极致。这不仅能提升优秀学生对学校的满意度，还能增强学生的归属感。很多大学都会为荣誉课程项目的学生打造专属社群，通过组织一系列活动，将这些优秀学生联结在一起。有的学校还会选择专门的地点为这些优秀学生举办活动，比如佛罗里达州立大学的荣誉、学者和研究员之家（Honors, Scholars, and Fellows House），为优秀的学生提供专属活动地点，也能更好地增强他们的归属感。

荣誉课程给优秀学生带来的积极影响也适用于普通学生。如果条件允许，高校可以在全校范围推广荣誉课程项目。

住宿生活

　　许多大学都会为学生提供住校机会，有些大学要求大一新生必须住校，有的学校对学生强制住宿年限有更长的要求。如今，许多大学已经不再管学生居住的地方叫宿舍了，更多的是用"住宿区"或"学生公寓"替代。学生的居住区域也能提供教育和社交的功能。

　　很多学校提供的学生宿舍区都比较陈旧，比不上校外新建的住宅。那为什么有些学校会强制新生住校呢？研究显示，住校能给学生更多的时间沉浸在正规的教育环境中，也能让学生更加贴近校内的学生活动，促进学生有更高的校内参与度、留校率及毕业率。同时，住校生之间因为长期密切相处，也能更快地形成社交圈子，帮助学生提升归属感。

　　有趣的是，宿舍楼的设计也会影响到住校学生的校内发展。一些学校这些年修建了非常高端的学生公寓楼，房间格局的设计也贴合当下流行：放大私人空间。但研究显示，过度强调私人空间，并不利于学生在校内的发展，因为私人空间越多，学生越容易一个人待在房间不参与社交活动，这会导致学生在校内感到孤独且没有归属感。而当学生私人居住空间比较小的时候，他们会愿意在公共空间停留，这也增加了社交机会，提升了归属感。

　　对于住校的学生，学校也会提供多种多样的学习及生活上的帮助。

　　学校会在学生宿舍区提供各种学习上的支持：包括独立学习空间、专人学习辅导等。有的学校还会在宿舍区为住宿生提供课程，系统性地帮助学生提高成绩、扩展人脉，鼓励学生主动抓住机会，更好地面对大学生活的各项挑战。肯塔基大学（University of Kentucky）的宿舍区课程就是一个很好的范例：该课程通过指导学生参与校内不同领域的活动，培养学生不同技能，从而实现学生的全面发展。

除了学习，学校在生活上也会给住校的学生提供支持和指导。学生住宿区通常会配备经过培训的宿管人员及专业的宿舍管理老师，他们的主要职责是监督管理学生在宿舍区的行为。一旦发现问题，如学生之间发生矛盾，或者某个学生经常性逃课等，这些管理人员会在第一时间进行干涉，及早解决问题。有的学校还会在宿舍区采用"住宿学院制（residential college）"，安排老师和学生同住在一个宿舍区，从而为学生的校内发展提供额外的辅助和指导。

住宿区内的生活丰富多彩，有些大学会以住宿区为单位设立学习共同体，有的学校会设立主题宿舍区，将关注同一领域的学生集合在一起。在以宿舍为单位的学习共同体中，学生经常聚集在宿舍公共区域组织讨论会，探讨学术内容或其他感兴趣的领域，同一学习共同体的学生也会互相影响，选择相互关联的课程。研究显示，就像第五章中列举的"HIPs"一样，这种以宿舍为单位的学习共同体能对学生发展产生深远的积极影响。如果可能的话，学生应该在大学住宿里寻找这种共同成长的环境。

室友

很多学生可能低估了室友的影响力。研究显示，勤奋好学、态度端正的学生，往往会对其室友的学习成绩产生积极影响。而当室友学习态度端正时，也能正向带动学生取得更高的平均绩点（GPA）。由此可见，室友对学生的学习态度、时间安排及最终 GPA 都有很大的影响。

学生饮酒是美国高校中对学生发展产生不良影响的潜在风险。研究显示，拥有一名喝酒的室友会降低学生的 GPA，例如：

- 不喝酒的学生匹配了一名喝酒的室友，那么这名学生的平均绩点（GPA）相较于宿舍内没有人喝酒的学生要低 0.25。
- 如果两个喝酒的学生匹配成为室友，那么他们的 GPA 下降程度会更明显；尤其是两位都喝酒的男生成为室友，其 GPA 下降值高达 0.75。

尽管一些学生会在大学第一年之后换室友，但只要有了喝酒的习惯，对成绩的负面影响就会持续。

拥有多元化背景的室友，可以提高学生的包容性，减少偏见，这种影响是深远的。拥有过多元化背景室友的学生也表示，这样的经历让他们在日后与不同背景、不同种族的群体打交道时更加自如。

总之，作为朝夕相处的伙伴，选择室友前一定要考虑到其潜在影响，慎重选择。

学生社团

每所大学都有很多学生社团，大部分大学都会为学生提供创建学生社团的机会。以佛罗里达州立大学为例，该校有超过 750 个学生社团组织，无论学生是喜欢攀岩、舞蹈、戏剧、音乐，还是对政治、心理学感兴趣，又或者希望在校内找到和自己背景相似的学生，都可以在校内找到适合自己的组织。这些组织在帮助学生适应大学生活，提升归属感的同时，还能近距离倾听学生们的需求，并做出回应。参与学生社团活动，无论是作为社团领导，还是普通一分子，与同学们团结协作，一起解决问题，能从不同层面提升学生的个人能力。这些能力也是雇主希望从学生的个人简历中看到的。

来自校方的支持是学生在参与社团活动时取得成功的关键。学校不仅能为社团活动提供资金支持，还可以派专人培训社团负责人，从而使社团以更加专业成熟的方法运营；同时，校方出面引导校内学生社团之间的合作与对话，既能进一步提升学生的协作能力，又能凸显学生社团活动的包容性。

社团招新活动是学生了解社团的好时机。在招新活动上，校内的所有社团都会聚集起来，向学生宣传自己。学生可以一次性获取全部感兴趣的社团资料及联系方式，从而选择自己想加入的社团。当学生无法发现自己感兴趣的学生社团时，也可以考虑自己创建一个。

在社团选择上，学生需要慎重考虑。合理分配时间是大学生需要自我探索、解决的核心问题。所有的学生互动、社团组织、学术活动都会占用学生大量课外时间，学生一定要规划好自己的时间。不要因为外界压力，而参与自己不喜欢的社团活动。

除了学生社团，校内体育活动也可以培养学生的归属感。虽然参与社团活动或校内体育活动并不是学生在大学中取得成功的必要条件，但参与这些活动的确可以培养学生的能力，并且为学生的大学生活增加乐趣。这些因素也是学生在选择参与校内活动时需要酌情考虑的。

志愿服务与社区服务

无论是以学生身份，还是以普通公民身份，参与志愿服务和社区服务都是非常重要的。因为参与这些活动，不仅可以帮助学生建立与社区的联系，培养学生的公民价值观，还能在服务过程中提升学生的个人判断力及领导能力等。通过与社区组织、机构、个人之间的合作，学生能更好地面对现实问题，并不断探索解决问题的方案。无论是我们在第五章中提到的服务型学习课程，还是这里我们说的课外社区服务，学生在参与的时候都应该获得来自学校的支持与指导。

有些大学非常看重志愿服务与社区服务这部分的课外活动。学校不仅会为学生提供这些服务机会，还会与当地社区组织合作，将学生参与社区服务变成课程中的一部分，在学校及社区的引导下，用课程所学解决社区面临的实际问题。这种方式，不仅能让学生对社区面临的问题有更深入的了解，也能提升学生解决实际问题的能力。

加利福尼亚大学河滨分校（University of California, Riverside）有一个强大的社区服务平台。学生在得到培训后，可以在平台上搜寻适合自己的服务机会：例如去当地学校成为助教，或支援建设流浪者收容所，或参与环境保护组织一起为清洁社区环境出力。除了社区服务，学生还能在平台上报名参与特殊活动的志愿服务，比如马丁·路德·金纪念日（Martin Luther King Day of Service）和爱河滨服务日（Love Riverside Day of Service）的活动等。

杜兰大学要求学生必须参与服务型学习，并投身社区服务，才能顺利毕业。学校会鼓励学生参与所在的新奥尔良市及周边地区的非营利机构组织的志愿服务。例如，该校建筑专业的学生在 2018 年与新奥尔良当地的非营利组织合作，不仅为该组织建设了一个新的活动中心，还建造了一个自行车维修站。这一合作，得到了杜兰大学的老师及非营利组织工作人员的全程指导，在他们的帮助下，学生能够更加清晰地看到社区的具体需求，并协作开展工程建设。

总之，学校可以为学生提供与社区接触的多种途径。这些社区服务经历会对学生的个人发展产生深远影响。

兄弟会与姐妹会

美国大学中"神秘"的兄弟会和姐妹会是以社交为基础，并拥有自己独有秘密仪式的组织，兄弟会和姐妹会中的活动被统称为"希腊生活（Greek Life）"。虽然也有一些兄弟会和姐妹会是基于学术背景建立的，比如法学预科或医学预科，也有以希腊字母命名的协会，但我们这里主要讨论的是基于社交需求建立的兄弟会和姐妹会。

参与兄弟会和姐妹会是美国大学常见的一种社交方式。尽管某些大学没有或者人为解散了兄弟会和姐妹会，但在大部分学校中，这种社交模式对学生有很大的影响。

兄弟会和姐妹会通常都很活跃，成员之间的关系也比较紧密。兄弟会和姐妹会通常会推动成员在公民参与、慈善及组织活动等方面的参与度，同时帮助其成员在其他领域发展。

尽管好处众多，但学生在选择参与兄弟会和姐妹会时，也要按照自己的规划和时间安排慎重决定。

- 首先，参与兄弟会和姐妹会都是需要定期缴费的，每次几百到几千美元不等，对于一些学生来说算是费用高昂。
- 其次，兄弟会和姐妹会的成员通常都拥有相似的背景。如果学生希望在大学中建立多元化的社交网络，应该慎重考虑兄弟会和姐妹会对自己社交圈的影响。当然，无论是否参与兄弟会和姐妹会，学生在大学中都应该保持开放的态度，多方学习、挑战自我认知，从而获得成长。
- 我们在前文中提到时间规划能力对大学生来说非常重要。兄弟会和姐妹会通常比较活跃，成员需要花一定的时间参与活动。对新入会的成员来说，在新成员考核阶段要投入的时间会更多一些。

尽管兄弟会和姐妹会宣传，参与其活动可以让成员在毕业进入职场时获得更高的待遇，但研究显示，参与兄弟会和姐妹会既不会让学生获得更高的薪资，有时还会影响学生的成绩。甚至有研究显示，参与兄弟会和姐妹会的成员，其学术造假率更高。

当然，提到兄弟会和姐妹会，就不能不提到这几年屡次在美国的新闻中见到的成员霸凌事件。一些新成员为了在入会初期得到认可，遭受了霸凌，甚至付出生命的代价。

拥有希腊生活团体的高校，近些年也在努力规范、引导这些组织，帮助其成员在大学中获得成功。除了规范兄弟会和姐妹会的入会考核流程，大学还在努力提升这些组织的透明度，帮助想入会的同学更好地了解这些组织内成员的学术表现、行为表现及所达到的成就，从而判断这些组织是否能够达到学生期望值。

学生会

学生会的成员通过选举组成了校内学生代表。美国大学中学生会的地位举足轻重，一些学校的学生会掌管学生社团活动的财政大权，负责为学生社团活动分配资金。学生会也会举行丰富多彩的活动：佐治亚理工学院（Georgia Tech）的学生会在2019年组织了名为"照亮科技"（Illuminate Tech）的公益演讲活动，通过一系列演讲来讨论校内学生的心理健康问题。

参与学生会工作，可以帮助学生建立和培养公民思维。一些高校的学生会还可以让学生参与到选举、辩论、立法、行政及司法这五大程序中，让学生充分了解民主制度带来的机遇与挑战。参与学生会还能提升学生的领导才能，尤其对那些未来希望从事公共服务事业的学生来说，在学生会的工作经验可以帮助他们顺利进入人生下一个阶段。

学生会是学生组织。高校领导应该重视并积极听取学生会反馈的学生意见，将学生的诉求纳入日常管理决定中。而当校方的决定有损学生利益时，学生会也应该作为主要力量，站出来为学生发声。

上大学前可以做哪些准备？

进入大学前，学生可以充分利用高中校园内外的学生活动资源：如积极参与或创建自己的社团活动；参与高中学生会（相对于大学学生会来说，高中学生会有一定的局限性）；自愿参与社区服务等。这些经历都可以帮助学生提前适应并合理规划在大学中的时间及社交活动的安排。

美国大学招生办的老师也十分重视学生在高中时期的学生活动经历。有些招生老师会着重看学生高中时期在社团、学生会及社区活动中的表现。有些老师会更加全面地评估学生，将学生对家庭做出的贡献（如在家族企业中担任某一职位或在照顾某位家庭成员上做出特别帮助）作为主要参考因素。学生在申请大学时，一定要在自己的申请材料中体现出自己在这些学生活动中都有哪些具体成长及能力提升，而这些又能怎样帮助他们更好地完成高等教育。

以下三个问题可以帮助学生衡量高校在提升学生的校园参与度及培养学生领导能力上的努力

1. 大学在培养学生归属感上付出了多少努力？
2. 大学的校园文化及实践活动是否符合你的心理预期和需求？
3. 大学是否能提供充足的学生活动？校方对这些活动是否给予足够的支持？

评估高校在提升学生的校园参与度及培养学生领导能力的标准

级别	评估指标
优秀	高校将课外生活视为学生发展的关键，照顾到学生需求的多样性，为不同背景的学生提供了有针对性且高质量的活动；对不同形式的学生活动支持力度大；高校为学生社群的建设和学生领导力的培养提供了积极有效的建议和规划
良好	高校能为学生提供高质量的课外生活项目；学生可以参与到多样化的学生活动中；在学生领导力的培养上学校可以提供帮助；高校为学生社群的建设和学生领导力的培养提供了指导，但并不能有效覆盖全体学生
中等	高校能为学生提供的课外生活项目质量参差不齐；校内有各种各样的学生组织，学校会为学生活动提供支持，但不同学生活动的参与度存在差距；高校为提升学生归属感、建立学生社群做出一定努力，但并不能覆盖全体学生
一般	高校能为学生提供的课外生活项目质量差距很大；校内有一些学生活动，但由于缺乏校方的支持且能够提供的活动名额有限，并不能调动学生的参与积极性
较差	高校内几乎没有任何学生组织或学生课外生活项目；学生参与意识薄弱；学校并不重视培养学生的包容意识和归属感；学校并不注重培养学生的领导能力

第七章

身心健康与个人安全

当妮科尔（Nicole）开启大学生涯时，斗志昂扬的她给自己的课表排满了大三、大四的学生才会选的课程。妮科尔的高中成绩非常优秀，因此她对自己能顺利完成这些课程很有信心。开学几周后，妮科尔发现大学的学习和自己想象中的很不一样，课业难度远超她的预期。她开始

妮科尔

感到很吃力：妮科尔会忘记做课前预习，这导致她无法正常参与课堂讨论。因为担心论文质量，她开始疯狂熬夜写论文，却陷入恶性循环，最终提交的论文她自己并不满意。因为对自己的学业表现不满意，她开始回避与教授面对面交流。妮科尔的焦虑情绪越来越严重，她感觉自己越来越孤单，甚至出现了抑郁的苗头，这些负面情绪让她想要退学。

很多学生在大学中都会遇到一些心理问题。学生如果想在大学中不断成长，取得成功，首先要在校园中感受到安全感。如果学校不能给学生营造出安全感，那么学生对学校的满意度及在校园中的归属感都会大打折扣。如何保障大学生的心理健康及人身安全是全美高校都面临的一个严峻问题。在本章中，我们会为大家分析、评估大学在解决这些问题时的应对方式。

大学生的心理健康

研究显示，大学生是心理健康问题的高发群体：抑郁、焦虑、绝望，甚至出现自杀念头。这些都是当今大学生正在经历和面对的问题。随着时间的推移，大学生群体中常见的心理问题——抑郁和焦虑也变得越发严重。在2008年，有10%的大学生被诊断患有焦虑症；而在2018年，这一数字增长到了20%。在调查中，有60%的本科生承认在过去的一年中曾经感觉到被生活压得透不过气，整个人无比焦虑。而2018年的一份报告中显示，有10%的参与调研的学生动过轻生的念头。

心理健康问题在大学生群体中频发，一方面是因为很多学生在进入大学之前有既往病史，另一方面是因为学生进入到全新环境后无法完全适应，从而产生负面情绪。

研究显示，在大学里有过轻生念头的学生中，约 80% 的人在高中就已经有过这样的想法。青少年的心理健康问题很大一部分源于原生家庭及童年经历：亲人离世、长期受到虐待、无家可归或父母离异，这些都会导致青少年被心理健康问题困扰。

在大学这个新环境中，学生要面临学业上、生活上、人际交往上的种种挑战。有些挑战，比如考试，是可预期的；有些挑战则是突发的，考验着学生的应对能力。当学生遇到意料之外且不受自己控制的挑战时，比如学术困境、亲人疏离、经济窘迫、受到歧视等，甚至是社会上、全球正在发生的大事件，都会激发学生的负面情绪，让学生产生心理问题，甚至会产生自残、自杀的冲动。

有些学生在面对心理问题时，会耻于寻求帮助。为了解决这一问题，鼓励学生主动寻求心理辅导，全世界的高校都做出了不同的努力。宾夕法尼亚州立大学（Penn State University）大学生心理健康中心（The Center for Collegiate Mental Health）的主任本·洛克（Ben Locke）曾这样描述这一转变："如今的大学生生活在一个可以正常讨论焦虑的时代……越来越多的人能够正视心理健康问题。"

高校为学生提供了一系列心理健康方面的相关服务，在 2019 年，约有 12% 的美国大学生得到了学校提供的心理健康方面的帮助。这些心理咨询不仅能够帮助学生渡过难关，获得积极的心态，还能提升学生的留校率，开拓学生的思维和眼界。

然而，由于受到资源的限制，不同学校在应对学生心理健康需求时的处理方式及处理效率有很大的差异。学生在择校时，可以通过以下几个问题来评估高校是否具备完善的学生心理健康辅导基础设施：学校是否设立了心理健康中心来帮助学生解决心理问题？心理健康中心是否拥有完善的人员配置？这些人员是否受过高水平的专业训练？学生的平均预约等候时间是多久？

最后这个问题尤为重要，因为在很多高校中都有学生反馈预约之后需要等候数周才能获得心理咨询服务的现象。如果学生正处于需要获得帮助的紧要关头，这种时效性低的服务自然是行不通的。当学生开始接受心理咨询服务后，也要提前了解每次咨询之间的间隔时长。有的学校因为心理咨询师工作量饱和，学生在接受第一次咨询后，后续的服务无法得到保障，这对学生的心理问题起不到任何帮助或缓解作用。

以下几个维度可以帮助学生评估大学提供的心理健康服务。

- 大学生心理健康中心建议每位心理咨询师负责的人数不超过150名学生；超过150名学生之后，其服务质量及效率都会有所下降。
- 大学提供的心理咨询是否收取额外费用，还是包含在学费中。
- 大学是否与当地社区的心理健康中心合作，让学生有机会在社区心理健康中心获得持续的专业治疗。
- 是否只有校内学生才能接受心理健康咨询服务？通过网络教学的学生是否也有机会获得咨询？

心理问题的预防措施

只要有足够的保障措施，大学是可以减轻或预防学生的心理问题的。学校应该对任课教师、在职工作人员和学生进行心理健康培训，使他们不仅能辨识症状，同时能正确引导有困难的学生寻求帮助。对于心理健康出现问题的学生，学校应该及早发现，并给予更多关注。很多大学设立了"预警机制"，比如"情况可疑，立即报警"，邀请包括学生在内的全体校内人员，一旦发现身边有学生出现心理问题征兆，立即通知校内相关工作人员。

很多学生在大学里出现心理问题，都是因为感觉很孤独。大学可以通过有效的措施，帮助学生提升校园归属感，参与社区建设就是提升参与感和归属感的好方法。我们在第六章提到过的社区服务是社区建设的一部分。此外，还有一些同学在大学出现心理问题是由于沾染了不良嗜好，比如酗酒等，沾染这些习惯的学生，学习成绩也会出现大幅下降。大学可以通过推出主题教育活动或联合学生社团一起，帮助学生培养健康的生活方式。

佛蒙特大学（University of Vermont）和佛罗里达州立大学都有完善的项目以促进学生的心理健康，预防潜在的心理问题。在佛蒙特大学，学生可以参加健康校园环境（Wellness Environment）项目。这个项目从住宿、上课到课外活动实行一站式服务，鼓励学生在大学中拥有积极向上的观念。而在佛罗里达州立大学的学生适应能力训练项目（Student Resilience Project）中，学生通过完成一系列线上课程，提升自己的综合能力，从而更好地适应高等教育的压力和挑战。在这个项目中，学生还会运用心理学中的方法论，如压力管理、日志记录和正念减压法，这些方法论适用于学生的整个大学生涯。

高校提供的这些帮助，不是为了彻底消除学生的负面情绪，而是为了帮助学生改善思维模式，更好地管理这些情绪。比如，陷入负面情绪的学生在获得帮助前偏执地认为自己不适合上大学，但在获得帮助后，会觉得大学生活中遇到的困难和挑战都是暂时的，是可以被战胜的。保罗·图赫（Paul Tough）2014 年在《纽约时报》（*New York Times Magazine*）杂志中这样描述学校的干预措施对学生思维模式的改变：

"学生在大学中仍然会因为考试不及格、和室友打架、约会被拒绝等挫折而感到沮丧，但他们不会再轻易地把遇到挫折与自己不适合上大学或者自己无法在大学中取得成功联系在一起。"

以大三学生乔安妮（Joanne）为例，在顺利度过大学头两年后，大三的生活对乔安妮并不友好。先是和之前结识的朋友渐行渐远，接着又要独自面对难度增加的专业课程，内心孤独的乔安妮开始旷课，整日闷

乔安妮

在自己的校外公寓中。面对不断下滑的成绩，乔安妮选择了完全躺平，不再努力去改变现状。就这样过了2个月，乔安妮收到了一封任课教授的邮件。教授注意到她一直没有来上课，表示很担心她的境况，想邀请她一起聊聊天。乔安妮在和教授的谈话中倾诉了自己遇到的困难，教授帮助乔安妮联系了大学咨询服务中心。经过专业的帮助，乔安妮的生活也逐渐回到了正轨。

每所高校都应该有应对学生心理健康问题的解决措施。如果校内资源匮乏，学校对学生的心理健康状况疏于管理，可能会导致遇到心理问题的学生无法得到及时的帮助，从而出现放弃学业等不良后果。一旦学生出现旷课等异常行为，学校应及时察觉，安排专人与学生取得联系，了解情况，从而保证为学生提供及时有效的帮助。

个案管理

大学中通常都会有个案管理部门或相关人员协助学生处理重大事故、疾病及其他突发状况。在一些大学中，这类服务也被称为学生支援中心或学生关爱项目。

个案管理服务旨在帮助学生合理利用学校及社区的资源，应对、处理自己面对的状况，比如协助需要休学的学生提前安排、处理校内事务。个案管理也可以帮助有困难的学生与教授协调作业截止日期或考试时间等。

本杰明（Benjamin）本来以为个案管理项目与自己无关，然而一场突发的车祸，让他真实感受到了个案管理项目带来的关怀。车祸后的本杰明一边积极治疗，努力康复，一边兼顾学业。然而，高昂的治疗费用及繁重的学业压力，让本杰明力不从心，不仅作业无法按时完成，成绩也不断下滑。本杰明意识到自己需要帮助，便主动联系了个案管理部门。与工作人员见面会谈后，个案负责人不仅帮助本杰明与导师沟通，为他争取到了更多完成作业的时间，还制订了压力管理策略，帮助他应对心理上的负担。

本杰明

原生家庭、监护人和学生身心健康

在求学生涯中，家庭成员和监护人对学生的身心健康起着重要作用。研究发现，拥有家人支持的学生不仅会取得更好的成绩，在其他方面也有突出表现，比如会拥有更高的校园归属感，更强的校内参与感，还能更自如地与教授打交道，从而学到更多知识。

在学生的心理健康方面，家人与学校的作用是相辅相成的。如果家人担心孩子的心理出现问题，可以直接联系校方或警方与学生沟通。如果有必要，家人还可以要求学校为孩子的心理健康状况进行评估，既确保孩子能及时得到需要的帮助，又能让家人放心孩子在校内的状况。

虽然我们说家庭教育很重要，但当家人过度干涉学生生活，出现过度关注（也被称为直升机式育儿）的情况，则会给学生的成长带来负面影响。

过度关注孩子的家长，通常会帮助孩子扫除成长道路上的障碍，而不是培养他们面对、战胜困难的能力。这导致孩子们不够成熟，无法承担成年人的责任。研究显示，过度关注不仅会削弱学生的主观能动性，动摇自信心，还会导致学生背负更多的压力，使他们对学业和生活产生倦怠，更容易出现抑郁倾向。

安全与治安

美国的大学通常都有自己的校警和保安，他们与校内管理部门合作，保卫校园安全。和普通警察相比，校警在应对校园事件上不仅反应更快，也能提供特殊服务：在很多高校中，校警的权力类似于市政警署，拥有执行调查及逮捕的权力。

学生在评估一所大学是否安全时，可以直接向在校生询问他们在学校里是否有安全感。如果学生有特殊的顾虑，比如来自某些特殊群体，则可以直接向校内该群体的成员或管理者发问。

如果学生想了解更多，可以去查询校园警力配置信息。重点了解校内警力是否充足，一旦学校有突发性安全事件，比如校园枪击案或车祸，校警的反应能力和出警速度是否高效，这些都是决定学校能否有效处理事件的重要因素。

除此之外，还有一些维度是学生在评估大学是否安全时可以参考的。

● **校警和学生的比例**：一项全国性调研显示，美国高校内校警和学生的平均比例为 2.4∶1000。学生在看这个数据时也要综合参考学校的位置、规模、校内教学时间、所在区域公共安全需求，以及校警的配置是否先进等因素。

● **校警是否得到过官方认证**：无论是美国州政府、美国联邦政府还是国际官方组织，都会对能力杰出的校园警队颁发认证，对其表现予以肯定。例如，特拉华大学（University of Delaware）的校园警队获得了执法机构认证委员会（Commission on Accreditation for Law Enforcement Agencies）和国际校园执法管理协会（International Association of Campus Law Enforcement Administrators）颁发的认证。

很多美国大学校园内都安装了拥有报警按钮且可以直接远程联系警察的应急灯柱。这种应急灯柱被称为蓝灯报警系统（Blue Light Communication System）。报警按钮一经按下，蓝色应急灯光便开始闪烁，从而引导应急人员及时赶到现场。不具备该系统的大学，通常会有其他的应急措施。虽然没有调查显示哪种应急措施对学生的安全作用更大，但应急措施的存在便给学生的安全增添了一份保障。

学校应该定期评估校内安全措施，并及时改进，从而保障学生的人身安全。比如学生宿舍入口是否设立有自动落锁装置，学生进入宿舍区是否需要特殊的身份验证，这些都是保障宿舍区安全的重要手段。为了提升自我防范意识，大学可以在校内开设自我防卫课程，以及有突发事件时学生和教职员工应该如何应对的专门训练，从而提升学生面对突发事件的处理能力。

谈到大学内的人身安全，就不得不提到性侵犯。研究显示，遭受性侵犯会导致学生提前离开大学，并终身生活在阴影中。女性是大学中遭遇性侵犯的主要受害者，在美国，大学女性遭受性侵犯的概率是非大学女性的3倍。为了正视和解决这个问题，美国各大高校也纷纷推出相应措施，预防性侵犯案件的发生。以俄勒冈大学（University of Oregon）为例，校内采取了多种预防性侵犯行为发生的措施，比如对学生进行性侵犯教育，组织学生群体关注性侵犯话题，在校内建立反性侵犯联盟，联盟成员包括学生、在职员工、警察代表、大学健康中心及其他更多机构的代表人员。

高校中，学生的违法行为会交由警方来处理。对于学生的违规行为，很多学校也有健全的调查及裁决流程。比如，当学生发生抄袭等舞弊事件后，很可能需要参加校园听证会。校园听证会是类似于学生法庭的机构，在听证会上，学生进行申诉后，会得到来自学校的最终裁决。裁决类型包括开除、停学、进行道德培训和自我反思等。

最后要提到的潜在安全隐患出现在学生的上下学路途上。大部分美国高校的学生都是自己驾驶交通工具上下学，但在大城市或比较小的校园内，选择自驾的学生并不常见。依赖公共交通会增加学生在上下学路途中的不便，也容易发生危险。当学生下课比较晚、不方便搭乘公共交通或者感到无法正常驾驶车辆时，一些学校会为学生提供叫车服务。还有一些学校在叫车时，提供专门针对学生的折扣。

学校的具体位置、公交车时刻表、周边路况，以及是否好停车都是影响学生做出通勤选择的重要因素。因此学生在择校时，也要对这些问题提前了解。

校园餐饮

民以食为天，只有吃得好，学生才有力气踏实学习。很多人对大学生饮食习惯的刻板印象仍旧停留在学生天天靠着快餐果腹。但事实上，现如今的大学不仅为学生提供多种多样的餐食选择，也非常提倡健康饮食。健康的饮食习惯有利于学生的身体健康，为学生在大学中取得成功打下身体基础。

一些负面的评论认为，担心学生的就餐选择是在过度溺爱学生。但对于学生来说，吃不仅重要，还具有社交意义。大学食堂是学生的重要社交场所，许多友谊都是从吃开始建立的。学生在评估大学时，校园餐饮的质量及多样性都要考虑。尤其是有特殊饮食习惯的学生，一定要提前了解学校提供的餐饮是否能满足自身需求。

以犹太学生利娅（Leah）的亲身经历为例。大一住校时，利娅发现在犹太人的重要节日逾越节（Passover）期间，她在学校找不到任何符合自己宗教信仰的食物（逾越节期间犹太人不能吃任何发酵后的食物）。利娅在餐食上的预算有限，在支付了高昂的学校餐费后，她并没有多余的钱去选择食堂外的餐食，也没有犹太学生团体来解决这个问题。这导致利娅在逾越节期间要忍受饥饿。她对学校感到失望，认为学校对她这样的犹太学生并不包容。

而威尔（Will）的例子则更能说明大学食堂在学生社交生活中扮演着重要角色。作为一名素食主义者，威尔都是自己在宿舍做饭，这导致他完全错过了和室友及身边重要朋友的社交时间。威尔发现自己经常听不懂朋友之间开的玩笑，朋友也经常周末出去玩，但并不叫他。为了能跟朋友们多交流，威尔也会去食堂跟大家一起吃饭，但食堂有限的素食选择并不能让他吃饱。吃不饱的直接结果就是饿着肚子上课，无法集中精力听讲，这导致威尔陷入了社交困境。

利娅和威尔

满足学生的餐饮需求不是一件简单的事情。这背后，有经济因素，也要依靠社区及公共服务支持。直到今日，仍有很多学生要为吃饱饭发愁。对有财务困难的学生来说，居无定所会增加他们获取食物的难度。有些学生可以天天开小灶，而有些学生却把吃学校食堂视为奢侈。这种不平等现象和学生之间的隔阂，不仅会严重影响学生的社交及自我认知，还会影响学生在高校中建立归属感。对于这些有困难的学生，大学可以对其予以经济援助，帮助学生解决食宿问题或为学生分发食品。同时，大学也可以与当地社区或公共服务机构合作，确保学生的基本生活可以得到保障。

校内医疗

学生生病了怎么办？

有住宿生的大学通常都会在校内设有校医院，为学生提供一系列医疗服务。不同学校的校医院规模、医疗水平和服务范围各不相同。如果学生有需要，校医院也会为学生开具病历等凭证。

在美国大学，要求学生购买医疗保险是一件很正常的事情。学生可以选择购买学校提供的医疗保险，或者购买同等的商业医疗险。尽管这些保险的费用会增加大学成本，但如果学生不幸在大学期间生病，拥有医疗保险可以保障学生不会因为医疗账单而背负债务，影响自己的信用评分。有些学生为了节约成本会不买保险，但对于学生来说，尤其对患有重大疾病或慢性病的学生，便捷且可负担的高质量商业保险还是非常必要的。

学生在购买医疗保险这件事上，切忌抱有侥幸心理。

学生在考察一所大学的校内医疗服务时，有以下几个重要因素需要考量。学校是否设立有校医院？校内是否有其他医疗机构，如医院或专项服务机构？校内的医疗服务及设施是否能满足学生需求？学生平均等待医疗服务的时间是多久？如果校内不设立医疗机构，学校是否会帮助学生寻求社区中的医疗服务？

康乐活动与运动健身

康乐活动与运动健身对学生的身心健康有重要作用。许多大学配备了完善的设施，以促进学生在校内的健康水平，培养学生的良好习惯。

学生可以在校内的康乐中心和健身房锻炼，既可以选择自主训练，也可以报名参与健身课程。校内健身中心的规模及器材数量是学生应该提前考察的，这关系到学校提供的康乐服务是否能够满足学生的需求。

除此之外，大学校内也会有面向全体学生的竞技类体育活动。学生可以自由组队参与各项竞赛，常见的比赛项目有躲避球、篮球、排球等。这些竞技类体育活动，可以帮助学生更好地团结在一起。研究显示，体育锻炼不仅会对学生的学习成绩产生积极影响，帮助学生在大学中取得成功，还有利于增强学生的归属感，培养团队协作能力。

上大学前可以做哪些准备?

在上大学前,学生可以有意识地培养有益于身心健康的习惯。提前培养这些习惯能帮助学生顺利度过大学申请季面对的压力。提高适应能力可以帮助学生快速投入大学生活。学会自理、能脚踏实地的制订目标、做事有条理、善于交际,这些都能帮助学生提高适应能力。在上文中我们多次提到,在大学中合理分配时间非常重要。学生可以通过制订计划或提前安排日程,来帮助自己保持条理。

面对从高中生变成大学生这一转变,学生可以提前制订身份转变计划,对于要去外地上大学的学生,制订计划更为重要。在这份计划中,学生要从身心健康两方面入手。

- 获取学生保险,了解校内医疗机制,如学生有特殊医疗需求,应提前让校方了解。
- 与家人提前沟通好边界,保证学生能在顺利获得家人的关心、帮助与指导的同时拥有独立发展空间。

通过以下三方面了解学校在促进学生身心健康与个人安全上做出的努力

1. 学校是否有足够的人力来保障学生的身心健康及个人安全?
2. 学校是否有全面的措施来保障学生的身心健康及个人安全?是否有措施来预防可能产生的问题?
3. 学校是否能为遇到困难的学生提供支持与安全保障?

评估大学在促进学生身心健康方面的标准

级别	评估指标
优秀	学校关注学生的身心健康，校内不仅拥有健全完善的机制支持学生的身心健康，对潜在的问题也有预防措施；校内资源丰富，人力充足，可以满足学生的多样化需求；学校拥有完善的安全保障体系，学生均反映在校园内感觉很安全
良好	校内拥有高质量的机制来支持学生的身心健康，对潜在的问题也有预防措施；校内资源和人力可以满足大部分学生的需求；学校拥有完善的安全保障体系，学生均反映在校园内感觉很安全
中等	校内拥有支持学生身心健康的机制，也对潜在问题有预防措施，但人力物力有限，并不能满足学生需求；校内资源和人力只能满足小部分学生需求；学校拥有安全保障体系，但有学生反馈在校园内感觉不安全
一般	校内拥有支持学生身心健康的基本机制，但资源与人手严重不足；对潜在问题的预防措施十分有限；学校虽然拥有安全保障体系，但由于人手不足，一些学生反映在校园内感觉不安全
较差	校内几乎没有支持学生身心健康的机制，也没有对潜在问题的预防措施，学生如果有需求，只能自寻出路；学校的安全保障措施有限，学生反映在校园内没有安全感

第四部分
大学启动资金与通往未来之路

大学生活需要学生投入的不仅是时间、精力，还有金钱。

你能否支付大学费用呢？

你是否有能力去申请奖学金呢？

在校期间，是否有勤工俭学的计划？对自己的财务状况又是否有合理的规划呢？

对于未来的发展，你有何想法？

有没有计划在大学期间提升自己的个人竞争力、人际交往能力及团队协作精神呢？

有没有想好完成本科学业后是直接迈入社会还是继续留校深造呢？

第八章

钱很重要——学费与补助

为了赚取大学费用,哈里森(Harrison)在高中毕业后的暑假打了两份工。随着大学缴费截止日期的临近,开学前几周,哈里森开始坐下来认真规划自己辛苦积攒的存款。他发现,上大学所需的费用越算越多:昂贵的教科书、高数课程需要的专用计算器、没有具体名目却价格不菲

哈里森

的技术费用，这一笔笔费用加在一起已经远超他的预算。哈里森觉得学校给出的很多费用名目都非常模糊，于是他给学费补助办公室打电话，想对费用的各项构成有更多的了解。在等了 1 个多小时后终于有工作人员应答他的电话，然而，哈里森发现这位工作人员并不能为他提供任何实质的帮助。开学日期越来越近，哈里森被各种费用压得烦躁又无助。

高等教育的费用高昂，这阻挡了一批学生求学的脚步。在考虑了通胀因素后，美国公立大学 2019—2020 学年的平均费用比 1989—1990 学年涨了 3 倍，私立大学费用涨了 2 倍。2019—2020 学年，美国公立大学的年平均学费超过 10,000 美元，私立大学的年平均学费超过 36,000 美元。而大学生活，除了学费，学生还需要承担住宿费、伙食费、书本费及其他课外活动费用。把这些费用全部加起来，截至 2020 年，一些私立大学 4 年的平均总费用高达 300,000 美元，并且仍在逐年增长。与不断上涨的费用相比，助学金及学生的平均家庭收入并没有出现大幅度上涨。这导致很多学生及其家庭都无法负担高等教育的费用。

大学的高昂费用让学生，尤其是来自低收入家庭的学生，无法通过接受高等教育获得成功。在美国，学生贷款债务逐年增加，2019 年全美的学生贷款债务高达 1.6 万亿美元，超过了信用卡的债务规模。截至 2019 年，学生的平均债务约为 30,000 美元，平均每 10 个学生中就有 7 个带着债务毕业。然而，这笔贷款并不是每个学生都有能力偿还的。2016 年，美国学生贷款债务的平均违约率约为 10%。还有一些学生，为了能尽快偿还贷款，在毕业时会选择仓促就业，这会对学生的未来经济能力的发展造成影响。

综上，不难看出为什么学生会对高等教育的花费感到焦虑了。大学的这些花费会为学生带来哪些长期影响？学费多少钱算贵？学费越贵学校就越好吗？学生应该如何评估学费及大学的其他开销？本章，就让我们一起深入探讨一下这些问题。

了解大学的各种费用

大学有义务向学生公示每一学年的收费明细。具体明细不仅对学生的择校决定很重要，也影响了高校的助学金奖励政策。都说上大学费用高，那么大学的费用，到底贵在哪儿呢？我们给大家剖析一下费用组成。

如一所大学公示的每年总费用为 26,000 美元，那么费用基本构成包括以下几方面。

- **学费（11,000 美元）**：课程费用，通常按学分或按课程数量交费。也有一些学校会规定学生每学期可以上的课程数量，按照学期收取费用。

- **杂费（2,000 美元）**：杂费，顾名思义，包含名目庞杂：停车费、校内休闲娱乐费、补助费、学生活动费、线上课程费等。杂费通常会比学费少。

- **课本及学习材料费（1,000 美元）**：此处列出的金额只局限于全日制学生平均课本及学习材料的估算费用，并不包括具体专业对学生提出的特殊材料需求花销。比如护理专业需要学生自费添置消毒用品；生物学专业需要学生购置特殊实验室器材等。为了节省购买教科书的费用，学生可以从图书馆免费借阅或从书店租用教材。

- **通勤费用（1,000 美元）**：往返校园的估算费用。

- **食宿费用（9,000美元）**：这是估算的学生在校内或学校所在城市的平均生活花销。
- **个人其他花销（2,000美元）**：日常花销的估算，如添置衣服、日常娱乐、洗衣费用等。

不同大学之间的花销有很大差异。一些公立大学年花销约为20,000美元，而私立大学，这个数字可能为60,000美元，甚至高达80,000美元。

对于申请经济补助的学生来说，并不是大学网站上罗列的所有费用都需要支付的。关于这个问题，我们也会在本章重点探讨。学生一定要综合衡量学校的费用明细，以及能够提供的经济补助，再做出择校选择。

还有一点很重要，学生要意识到上大学的实际费用可能远远超过校方告知的费用。学生在大学期间的不同选择也会造成花销上的差异。

首先，不同的生活方式，会产生不同的花销水平。如果学生选择住豪华公寓，参与高消费的社交活动，如经常外出就餐，那么其生活上的花销就会更多。一些学生在大学期间迫于同伴压力，不得不增加自己在生活方式上的花销；但并没有明确的研究显示，生活方式上的花销会对学生的进步带来任何明显的贡献。当学生离家很远上学时，每次回家的交通费用也会导致花销上升。

其次，有些学生在大学期间经常参与额外的教学项目，比如出国游学或实习，这些都可能增加学生的支出。一般学生参与的暑期出国游学项目，费用达10,000~20,000美元，或者更多；如果学生在暑期获得了无薪实习的机会，那么实习期间的食宿、交通成本，也可能高达上千美元。有些学生甚至会为了增加工作经验，辞去现有的有薪水的工作，从而有时间参与无薪实习。关于实习的重要性，我们在第五章中已经讲过。因此，如果经济有困难的同学也想通过实习提升个人能力，那么就要提前了解学校是否能给予他们额外的经济支持。

相信很多学生都会有这样的问题：大学，是越贵越好吗？花出去的钱都会得到回报吗？

答案是否定的。

首先，学生及家长无法从学费中预估出大学的全部费用；学校公示的学费低并不代表大学期间的整体花销低，而高学费也不代表学校遥不可及。通常公立大学的费用要低于私立大学，这是因为政府会给予公立大学补贴，从而降低其学费标准。美国每个州对公立大学的补贴标准各不相同，不同公立大学之间的费用也各不相同。私立大学一般没有政府的财政支持来补贴学费，因此他们必须要求学生及其家庭支付大部分教育费用。虽然学费高昂，但很多私立大学都会为学生提供学费减免或者学费补助政策，因此并不是所有私立大学都贵得上不起。

其次，某些大学在分配资金时，会把钱投入到不能直接推动学生成功的领域。比如有的大学喜欢把钱花在宣传学校名气上；有的大学喜欢追逐教师团队的名气，花重金聘请老师；有的大学可能会聘用专业能力并不出色的老师，如果校内没有相应的教师专业技能进修项目，那么这些老师则不可能掌握我们在第三章内讨论过的"以学生为核心的授课方式"。这些都会对学生取得成功产生影响。

大学既不是越贵越好，自然也不能光图便宜。学校的教学质量和学生在大学中取得成功的概率是需要重点参考的因素。

举个例子，学生选择一所费用低，但是毕业率不高的学校就读，一旦学生4年后无法毕业，那么要承担的代价就是巨大的。一项研究表明，如果综合考虑大学的开销和因为读书而损失的薪酬的话，多读一年大学的平均成本不小于85,000美元，如果学生需要6年才能从本科毕业的话，其本科的花销就要比4年按时毕业的学生高174,000美元。换言之，选择费用低的高校就读，短期内似乎省钱，但从长远来看，考虑到是否可以顺利毕业，是否能够通过在校内的学习获得在职场中的竞争力，其实并不划算。正如美国教育部（U.S. Department of Education）所说：

"最昂贵的教育，是拿不到学位的教育。虽然大多数学生，因为毕业时背负着债务，在选择发展路线时束手束脚，但这种情况也要远好于负债累累却无法顺利毕业的学生。学生需要明白的是，偿还贷款的能力很大程度上取决于是否能顺利毕业，而不是背负的贷款金额高低。"

高等教育的投资回报

虽然上大学是人生中的一笔大开销，但也是回报颇丰的一笔投资。和高中毕业生相比，大学毕业生的职业生涯平均能多赚100万美元；大学毕业生不仅有更多机会获取高薪职位，失业率也比高中毕业生低。

研究显示，对于4年制大学毕业生来说，毕业10年左右就可以赚够大学的全部费用。大学文凭不仅能帮助一个人在社会经济阶梯上获取更高的地位，还能培养健康的生活方式和更强的社会使命感。

面对高等教育的众多优势，学生需要在入学前做好明智的财务决策，才能将回报最大化。我们将在下面的章节中，探讨学生如何从多维度考量，从而做出高等教育期间的重大财务决策。

什么是学费补助？

有些学生无法依靠家人或通过个人存款来支付大学费用。学费补助作为一种支持措施，使学生能负担得起大学的学费。

在申请学费补助之前，学生需要填写由美国教育部负责的联邦助学申请表（The Free Application for Federal Student Aid，FAFSA）。这份表格需要学生填写个人收入水平、家庭经济背景及日常开销等信息。美国联邦政府根据学生提供的信息，从而计算出每个学生的家庭预期贡献（Expected Family Contribution，EFC）。

部分低收入家庭，比如预估的 EFC 值为零的家庭，这意味着联邦政府认为这些家庭很难为学生上大学提供费用支持。对于高收入家庭，联邦政府预估的 EFC 值也会较高，这意味着联邦政府认为这些家庭每年都能为学生读大学提供相应数额的经济支持，有的甚至每年可能会高达 10 万美元。

FAFSA 收集的数据会被派发到学生申请的各高校，学校根据 FASFA 提供的数据，用学费（一年上学的费用）减去家庭应支付的费用，决定每个学生是否需要学费补助，以及具体的金额。

很多对学费补助有需求的学生，因为信息不足或者不了解申请流程，没有填写 FAFSA，从而失去了获得补助的机会。以犹他州为例，在 2018 年，只有 35% 的高中毕业生填写了 FAFSA。为了改变这一状况，以得克萨斯州为代表的一些州开始强制要求所有高中毕业生都要填写 FAFSA。

除了联邦政府予以的补助，很多大学会有自己单独设立的奖学金或学费补助项目，比如由当地社区和企业、基金会和校友会联合提供的奖学金等。很多私立大学为了更好地了解学生对学费补助的需求，会要求学生填写大学理事会（College Board）负责的大学奖学金服务档案（College Scholarship Service Profile），从而决定哪些学生可以获得补助。

学费补助的种类

1. 助学金

助学金是一项无须偿还，旨在帮助经济困难学生的补助形式。根据事实数据显示，助学金可以有效提高学生按时入学及毕业的能力。为了将助学金发给真正有需要的学生，学校每年都会重新评估学生领取助学金的资质。

助学金有小部分是由校方发放的，大部分是由美国联邦政府及州政府发放的。佩尔助学金（Pell Grant）是美国联邦政府发放的规模最大，也是最知名的助学金。根据数据统计，2018—2019 年度美国大学生获取的平均助学金金额为 4,160 美元，最大一笔佩尔助学金金额约为 6,000 美元。近一半获得助学金的学生，其家庭年收入不超过 20,000 美元。除了联邦政府提供的助学金，各州政府也会对来自低收入家庭的学生提供资助，如加利福尼亚州政府提供的助学金项目（Cal Grant program）。

2. 奖学金

和助学金一样，奖学金也是无须偿还的。一些奖学金可供学生自由支配，用于学费以外的大学开销。奖学金通常是由州政府、各大高校或相关合作机构提供的。最常见的奖学金类型是荣誉奖学金，唯一参考标准是学生的学习成绩，如 GPA 和 SAT 成绩。除此之外，也有一些奖学金既要看学生的成绩，也要参考学生的经济状况，以便把奖学金发给更需要援助的学生。

高校设立荣誉奖学金，旨在吸引优秀的学生就读；州政府设立荣誉奖学金，是为了将优秀的人才吸引到本州，并在毕业后为当地经济发展做贡献。比如佛罗里达州的光明未来项目（Bright Futures）和佐治亚州的希望奖学金项目（HOPE Scholarships）都属于该类奖学金。

当然，也有一些批评的声音认为荣誉奖学金唯成绩论的标准并不公平。研究显示，美国 SAT 的成绩与学生的家庭收入水平息息相关。来自高收入家庭的学生，其 SAT 成绩也普遍较高，获得荣誉奖学金的概率就更大。这导致低收入家庭的学生，无法得到他们需要的经济支持。

3. 半工半读

学生可以在校内寻找有偿工作机会，通过半工半读的方式改善自己的财务状况。一般这些工读机会是由联邦政府、州政府或高校资助的。常见的工作岗位包括文书、助教、科研助手、图书馆管理员或行政工作等。也有一些工读机会，会让学生去学校所在社区机构工作。

研究表明，半工半读在改善学生经济状况之余，还能帮助学生在日后求职时找到更好的工作，同时工读生还能在工作之余，为自己建立更加清晰的学业目标。

当然，半工半读也有一些弊端：一些职位的工作内容比较枯燥，这样的工作不利于激发学生的潜力。好的职位，应该既能改善学生的经济状况，又能对学生的成长有积极影响，促使学生在大学获得成功，顺利开启毕业后的生活。

4. 收入分成协议（income-share agreements）

"收入分成协议"是一种新兴模式，学校或有关机构会资助学生的大学学习，学生需要在毕业后的一定期限内，用一定比例的收入还清这笔资助。

普渡大学（Purdue University）在2019年设立了"收入分成协议"，旨在成为私人银行贷款等高利率贷款助学方案的替代品。根据该收入分成协议，学生需要偿还的金额是借款的2.5倍，有时候偿还金额还要更高一些，因此学生需要谨慎申请。通常学生会在得不到其他方式的公共资助时，才会申请收入分成协议。

5. 学费减免和折扣

很多美国高校在学费上有减免政策。

一些公立大学为了吸引外州的优秀学生，会让这些学生享受和本州学生一样的学费金额。而一些私立高校也会对校友的孩子就读或有经济困难的学生，给予学费减免。

6. 紧急援助和毕业补助金

为了提高毕业率，很多高校会从资金上给学生提供保障措施。比如当学生的汽车发生故障或者拖欠房租时，学校会以助学金或无息贷款的方式为学生提供经济援助，帮助学生渡过难关。

大学还会针对即将毕业的学生，提供毕业助学金（completion grant）或留校助学金（retention grant）。这些助学金的金额一般都在 2,000 美元以下，通常提供给那些没有其他援助或帮助资源，而且还有一两个学期就要毕业的学生。

学生无法按时缴纳学费的现象在美国大学中并不罕见。对于无法按时缴纳学费的学生，大学通常的做法是取消学生的课程表、冻结学生账户，同时取消学生选课的资格。一些大学在执行该措施时态度非常坚决，只要学生出现欠费现象，无论金额多少，学籍都会被冻结。比如，如果学生欠图书馆 5 美元的罚款，那他们就不能选课。

一些以学生成功为导向的大学认为这种做法对于经济实力较差的学生来说过于严厉，因此这些大学将欠款的限额提高到了 500 美元，即学生欠款金额超过 500 美元时，其账户才会被冻结。为学生考虑的高校会尽量在学期开始时发放助学金，保证学生有足够的资金安排整个学期。一些高校还为经济困难的学生提供分期付款计划，允许学生在比较长的周期内少量多次支付大学费用。

7. 学生贷款

学生贷款是一项需要连本带利偿还的补助形式。美国大约 70% 的学生在本科毕业时都背负着学生贷款。除少数学生选择从私人银行贷款外，大多数学生都选择通过联邦政府获取学生贷款。

联邦政府提供的学生贷款，根据学生不同的经济状况，会有不同的政策。对于经济条件较差、家庭收入较低的学生，联邦政府会在其大学读书期间施行利息补贴政策,这意味着学生在毕业后才需要支付贷款利息。也有一些家长会向联邦政府申请贷款,尽管这类贷款利率较高,但可以帮助家长支付学生的大学费用。

学生在评估一所学校的学生贷款情况时,有以下两个关键指标需要考虑:毕业生的平均贷款余额及学生贷款的违规率。通俗地说,就是了解学生在毕业时欠多少钱,以及是否有能力偿还这些钱。这两项数据既可以直接向学校咨询,也能从美国教育部的网站上(Department of Education's College Scorecard)获取。

如何解读这两项关键指标呢?学生普遍获得成功的大学,其贷款违约率远低于全国平均水平。美国顶尖大学,即使是来自低收入背景的学生,贷款违约率都非常低。这表明学生可以通过大学的学习,在毕业后获得高薪收入,从而偿还贷款。

高校提供的学费补助到底怎么计算?

大学的补助通常会以组合的形式(aid package)呈现给每位学生。我们在前文中介绍过不同的学费补助形式,大学会为每位学生组合出不同的补助选择。学生在接受大学补助时,需要考虑以下两个重要因素:

- 学生自己和家庭需要支付多少钱。
- 接受学校的补助后,学生还有哪些经济需求得不到满足。

高校提供的学费补助计划有时也具有"迷惑性",学生需要拨开

"迷雾"看清楚自己需要承担的具体经济责任。比如有些高校提供的学费补助中，包含需要偿还的学生贷款。有些学校提供的奖学金，只适用于大学第一年，之后每年的奖学金都要重新申请。在学生重新申请时，有的学校也会对学生的 GPA 有高要求，这可能导致学生的学费补助出现中断，甚至出现不得不离开学校的现象。当然，对奖学金和助学金续期的高需求，也可能推动学生取得成功，比如要求学生参加第五章中我们讨论的课外实践学习项目。

学生可以借助学费计算器（net price calculator）来计算接受学校补助后，需要自己实际承担的费用。美国各大高校都会在官网上为学生提供该计算服务，学生将自己的信息输入后，即可得到需要承担的费用。在美国教育部网站上，学生还可以找到各大高校的费用公共数据及每所学校的学费计算服务。

你应该申请学生贷款吗？

学生贷款虽然很普遍，但也会给学生毕业后的生活带来经济压力，因此在申请贷款前，学生需要深思熟虑。

联邦政府提供的学生贷款，从整体上来说可以为学生提供大学期间所需的经济保障。研究也显示，学生贷款可以有效提升学生的学术表现及学生的毕业率。申请学生贷款后，学生的经济状况会获得改善，不仅每学期可以承担选修更多课程的费用，减少完成大学课程的时间，还能有足够的经济能力去负担实习、研究项目等实践学习，从而为毕业后走入职场做更多的准备。

虽然毕业后沉重的贷款负担会对学生的生活产生长期影响：置业、职业选择、独立生活及家庭生活计划等都会受到影响。但正如苏珊·戴纳斯基在《纽约时报》上所写："助学贷款会给学生的生活带来更多压力，但也能让数百万人获得本科学历。没有这个学历，学生的日子会更不好过。"

学生贷款是需要本息一起偿还的。和从私人银行申请贷款相比，联邦政府的学生贷款利率不仅稳定，也相对较低。同时，联邦政府还推出了一系列利于学生还款的措施。如"收入分成协议"，允许符合条件的学生按照收入比例来偿还贷款。在学生还款困难或失业没有经济收入时，联邦政府还会提供还款宽限期（grace period），以及失业时的延缓还款措施。

综上所述，大部分优秀的公立及私立大学都能够给学生提供足够的经济支持。如果学生必须为了本科学历而负债累累无力偿还的话，也应该考虑这些学校对自己来说是否是最优选择。

在大学期间打工

还有一些经济困难的学生不会选择学生贷款，或者只申请小额学生贷款，然后通过打工的方式赚取学费。全美约 70% 的大学生（包括 2 年制及 4 年制大学）在大学期间打过工，这其中有很多学生来自低收入家庭或被忽视的学生群体；约 40% 打工的本科生，一周工作时间超过 30 小时。

打工真的能赚到足够的上学费用吗？答案是否定的。除非是暑期全职工作，如果学生在学期中半工半读，有可能会影响到学业表现及学生参与校内活动或实践性学习的机会。

研究显示，当学生花大量时间打工，并且工作内容与所学专业或职业发展目标毫无关系时，会影响到学生取得成功的概率。在每周工作超过 25 小时的学生中，只有 45% 的学生能够把 GPA 保持在 B 以上。工作时间越长，学生的平均 GPA 就越低。

乔治城大学教育和劳动力中心（The Georgetown Center on Education and the Workforce）的研究显示，"在每周工作超过 15 小时的低收入学生中，59% 的学生 GPA 都不超过 C"。而每周工作时长超过 40 小时的学生，他们的毕业率仅为每周工作不超过 12 小时学生的一半。当学生选择劳动密集型工作时，能专注于学习的时间就会减少。有研究显示，学生每周工作超过 15 小时，就会对按时毕业产生负面影响。

当然，大学期间打工也不是只有弊端。当学生选择的工作内容与自身专业所学或未来职业发展方向相符时，工作经历不仅可以让学生将课本知识运用于实际工作，还能提升学生的社交能力，为自己未来的求职道路添砖加瓦。大学期间有效的工作经验可以帮助学生在毕业后获得更好的收入。

一些学校为勤工俭学的学生提供了教育和职业规划项目，并融合自我反思，帮助、引导学生在工作和学习中都取得成功。爱荷华大学的 GROW 计划（Guided Reflection on Work）便是范本之一，通过有序安排学生与导师之间的定期讨论，确保学生打工之余实现教育价值和职业价值。

最适合在校学生的工作有兼职、带薪实习及与学生专业或职业发展目标相关的远程工作。有时候，学生受限于自身情况，无法找到理想的工作，比如需要照顾家人。重视学生成功的高校，会为学生提供校内托儿服务、就业机会，或为学生家属提供助学金等支持。这些校内支持应该是有这方面需求的学生在择校时需要考虑到的因素。

读研的不同规划

当学生为学业做财务计划时，可能会考虑到毕业后继续进入研究生院深造。通常，研究生院的学费要高于本科学费，一般来说学生会选择相对便宜的本科学校，然后将更多的钱用于读研。

这一决定也许并不是学生的最优选择。要知道，学生对未来的规划、抱负、学术能力、专业能力及社交能力，更多的是在本科学习中形成的。为了读研而牺牲本科的学习质量，会对学生造成深远的负面影响。

试想一下，如果学生为了读研，而选择了一所价格低且不关心学生成功的大学读本科，那么在毕业时，学生需要面对的风险包括：无法挖掘自身潜力，毕业院校在申请研究生学位时没有竞争力，或者根本无法顺利毕业（我们在前面的内容中也讨论过，学校不是越贵越好，也有价格公道且教育质量高的大学）。

同时，学生需要知道的是，不是所有研究生院都学费高昂，收费合理且教育质量高的研究生院也是存在的；还有一些研究项目会给学生提供数额较高的助学金。像 STEM 专业，学生申请到本硕博连读的机会也很常见。到了博士阶段，学生通常无须支付学费，还能通过担任助教或科研助理的职位获得津贴。

在学生的本科学习过程中，对于未来的规划也时常会发生变化。比如一些学生会放弃继续深造，本科毕业后直接进入职场。就算学生继续深造也可能会选择完全不同的领域学习。数据显示，美国大约 1/3 的学生在大一到大三之间至少换过一次专业。因此，学生需要具备随机应变的能力，来应对不断变化的求学之路。

学校为学生财务规划提供指导

学会理财对大学生来说是一项重要技能。上大学是一种投资，如何把钱花在"刀刃"上，将教育收益最大化；如何合理分配钱财，避免出现开学拿到助学金时出去买各种东西，导致期末负担不起房租或交不起学费的情况，这些都是学生需要学习的。

近些年，以学生成功为目标的大学不断关注培养学生的理财能力。美国国家理财教育基金会研发并免费提供给学生的资金课程就是辅导学生理财的项目之一。也有高校会邀请专业人士或受过专业理财培训的学生，在校内为同学们开放理财规划的咨询时间。

关注学生成功的高校，会有充足的人员配置，为学生的理财问题随时提供帮助。如果学生出现财务问题却得不到及时的帮助，或根本接触不到校内的指导资源时，就容易出现问题。比如在助学金统一发放时，一定会产生比较多的理财问询，学校需要有充足的人员储备来处理学生的咨询。

总之，学生在择校时应该选择那些既能为整个大学生涯提供经济支持，还能为学生的理财规划和个人发展提供指引的学校，确保学生在大学生活中获得充分的体验。

上大学前可以做哪些准备？

在上大学之前，准大学生可以重点培养一下资金管理、理财知识及财务规划这三方面的能力。同时与家人沟通，确定对大学期间花销的预估值。同时，学生也可以提前开始培养自己储蓄的习惯，并积极积累实际工作经验，以便更迅速地适应大学生活。

通过以下三方面了解大学费用及校内财政支持

1. 你能负担多少大学期间的学习生活费用？
2. 大学提供的财政支持是否能让学生在完成学业之余，充分发掘自身潜力，将校园内提供的学术、个人成长及就业机会最大化？
3. 大学是否拥有充足的资源，来帮助、指导学生培养理财技能？

评估大学财政支持的标准

级别	评估指标
优秀	大学完全公开地呈现了整个大学生涯中提供的经济援助方案和对受助者的预期；援助方案以助学金和奖学金为主，以贷款为辅，能照顾到每个学生的需求；学校为学生的就业机会及突发紧急情况提供了充足的资金保障；拥有完善的金融知识和理财培训，给学生提供资源和指导
良好	大学提供充足的助学金和奖学金，很少有学生贷款；学校为学生的就业机会及突发紧急情况提供了资金保障；为学生提供优质的金融知识和理财培训
中等	大学提供了以学习成绩和经济需求为前提条件的经济支援，申请学生贷款的学生很多，学生的经济需求得不到满足的现象也很常见；学校为学生的就业机会及突发紧急情况提供的资金保障有限，不足以支持大部分学生；为学生提供少量的金融知识和理财培训
一般	大学给学生提供了一些资助，但大量经济需求得不到满足；给学生提供的财政指导和咨询不足，学校不为学生的就业机会及突发紧急情况提供资金保障
较差	大学很少为学生提供经济援助，对学生了解来自政府层面经济援助时的帮助甚少；学校不在意培养学生的金融知识和理财技能；学生群体的需求明显得不到满足，阻碍学生取得成功

第九章

大学毕业后：迈入职场、继续深造及其他选择

简（Jane）的四年大学生活可谓学习、娱乐两不误。她的学习成绩不错，课余时间积极参与校内活动。毕业前夕，当她听到身边的同学都在讨论毕业后的规划时，简才发现身边的同学早就开始申请实习，参加招聘会，

获得不同公司的面试机会了。面对还有2周就要毕业的情况，简感到很慌张。她赶紧约见了导师，想问一下："马上要毕业了，我现在该怎么办？"

很多大学认为只要学生能毕业，就是学校的成功。学生毕业后的发展，既与学校无关，学校也无权干涉。显然，这种思路是不正确的。就如同我们在前面的章节中讨论过的，当学校不能为学生设定清晰目标，并提供行之有效的方法帮助学生达成目标时，学生的成功便容易打折扣。对于学生来说，尤其是那些来自低收入家庭或家里的第一代大学生，如果没有校方的指引，他们很可能不知道如何准备一份有竞争力的简历，也不知道在大学期间，哪些技能和经验需要掌握，更不知道如何向别人展示自己的优势和才能。这些都会让学生在毕业时，对前途感到迷茫。

本章中，我们重点关注学生毕业后的成功：大学生涯中哪些方面会影响到学生毕业后的人生？而学校又应该做些什么来促进学生毕业后的发展？

如何使用以及评估大学的就业指导服务

许多大学都投入了大量的人力物力为学生提供就业指导服务。我们将在下文为大家介绍就业指导服务中的重点项目，以便大家评估大学就业指导服务的质量。

作为帮助年轻人了解一门职业、规划人生方向的辅助工具，大学就业指导领域已经发展得相当成熟。经验丰富的就业指导中心工作人员可以帮助学生明确目标，规划清晰的发展道路，摆脱外界压力，专注地向实现职业目标前进。

大学就业指导中心能为学生提供多领域的帮助：了解求职形式、职业划分、职业模式及合理的薪资预期范围等。对于在校生来说，就业指导可以帮助他们了解哪些实践性学习机会可以为他们日后的求职之路提供加持。因此，高校的就业指导中心应该拥有充足的专业人员来解决学生的不同需求。

大学就业指导中心还能帮助学生联系就业机会、定制求职申请材料；而对于毕业后决定继续去研究生院深造的学生，也能在就业指导中心的辅导下完成自己用于研究生院申请的学术简历。在求职季，就业指导中心经常会在校内组织大型招聘活动，将雇主邀请到校园里，为学生提供一个直面雇主、了解就业机会、建立职场关系的平台。

康州大学（University of Connecticut）每年除了举办大规模的春季招聘会和秋季招聘会，还会针对不同的学科和领域举办专场招聘会。比如对海洋生物学行业感兴趣的同学，可以参加 STEM 领域职业招聘会；而对公益事业感兴趣，尤其是希望投身于救助无家可归的青年这一领域的学生，则可以多关注校内公益组织的专场招聘。高校是否与不同领域的用人单位建立了紧密的合作关系，是学生在择校时需要评估的因素之一。

除了校园招聘会，模拟面试也是校内就业指导可以为学生提供的重要辅导之一。通过模拟面试，学生可以更好地了解面试流程、面试者的提问类型及需要在面试环节中向雇主重点展示的个人能力。模拟面试也能给学生做好更多的心理准备，缓解正式面试时的紧张。

在面试时，很多企业会对求职者有具体的着装要求。就业指导不仅会帮助学生提前把关面试着装，还会为没有职业装的学生提供职业装。比如加利福尼亚州立大学弗雷斯诺分校（Califonia State University，

Fresno），就经营了自己的校内服装店，为学生参加面试及开启职场生涯提供适合的服装。那里的工作人员会根据学生的就业机会给予适当的着装建议。服装店不但接受学生捐赠的衣物和现金，所有校内学生每学期都能免费获得3件衣服。

高校的校友会是学生结识校友和潜在雇主，培养人际交往能力，为未来的职业发展铺路的重要社交途径。因此学生在择校时，一定要考察校友会的发展状况，以及校友会是否会定期帮助校内学生拓展社交网络、提供更多机会。

通过参与校友会活动，学生有机会结识行业中的专业人士，甚至获得到企业实地参观的机会。通过与业内人士的深入交流，学生可以更加清晰地了解自己感兴趣的工作领域、机构及具体职位的信息，从而更好地帮助学生建立自己的职业理想，追求职业目标。

佛罗里达州立大学就曾针对校内的家中第一代大学生群体举办了"医生角（Doctor's Corner）"活动。通过参与这项活动，学生有机会接触各行各业的博士校友们，与他们互动交流，共进晚餐。其行业覆盖了医学博士（MD）、理疗博士（DPT）、教育博士（EdD）、哲学博士（PhD）、法学博士（JD）等。

可能有些学生认为，自己多出去社交，多在活动中与"专业人士"握握手，交换交换名片，就等于拓宽了自己的人际关系。其实这种理解是不正确的。有组织的校友会可以帮助学生进行有效社交，建立有利于学生未来发展的人际关系，为学生的长期发展铺路。

大学为学生提供的就业指导，不能单一依靠就业指导中心的工作人员。校内的教职工及校友们，都能为学生在学习和生活中提供有价值的意见。学校应该主动引导教职工与学生就未来的职业发展及学业规划进行讨论，并邀请杰出的校友和各行各业的专业人士代表为学生提供指导。当学生及他们的家庭对如何利用校友资源提出疑问时，学校应公开透明地为学生介绍校方是如何促进学生与校友之间的联结，从而让学生获得有效帮助的。

对于毕业后想继续深造的学生，尤其是一些学生所从事的专业领域对硕士学历有硬性要求的，学校也要有充分的准备去提供帮助和引导。无论是免费的备考辅导，还是为学生提供经济上的支持，又或者是我们前文中介绍过的为学生提供本硕连读项目，这些都是校方能够提供的支持。

虽然很多学生都习惯于在大四时才开始着手求职，但教育最佳实践公司 EAB 的研究发现，找工作这件事，其实应该越早越好。那些在大学生活开始时就着手职业规划的学生，往往能在求职时更加游刃有余，校内的各方面表现及归属感也都更强。研究显示，在毕业前一年开始找工作的学生，其就业成功率比毕业后再开始找工作的学生高 15%。越早着手规划自己的职业发展，学生就有更高的概率找到一份称心如意的工作。

当然，学生在求职和计划深造时，多多少少都会遇到一些难题。这些难题有的具有普遍性，有的则比较特殊，需要有专门的指导来解决。以学生成功为导向的大学，是一定会为学生的特殊需求提供帮助的。比如杜兰大学的高年级实习项目中，就会为大四毕业生安排专业的人员，详细指导学生对毕业后的职业和生活进行规划。通过学校的帮助，学生能更清晰地设定目标，并在遇到困难时，更有效地找到解决方案，克服障碍。

毕业后的发展要匹配个人能力

缺乏正确的引导，就算是能力出众的学生，也可能会在毕业后从事一份完全无法匹配他们能力的工作，或者就读于一所不符合他们水平的研究生院。这种职位无法匹配学生个人能力的现象，也被称为"不充分就业"。研究显示，43% 的大学毕业生，毕业后从事的第一份工作都对大学本科学历没有要求。以这类岗位作为职场起点，会对薪资和流动性产生深远的负面影响；有些学生甚至会停留在自己的第一份"不充分就业"的工作上 5~10 年。

双胞胎兄弟山姆和丹尼尔（Daniel）分别就读于不同的大学。山姆就读的大学来自校方的支持较少，很多时候都需要学生自己去探索。直到大四面临毕业时，山姆才开始认真考虑自己未来的去向。他来到校内的就业指导中心寻求帮助，在顾问的帮助下山姆整理出了自己的简历。在简历中，山姆罗列了自己参加的学生社团活动、主修的课程、在校内参与过的活动及自己在服务行业的工作经历。山姆认为自己的大学本科学历在申请工作时绰绰有余，他在不同的领域广投了一轮简历，却都石沉大海。要知道，招聘经理通常会用特定经历或关键字的方式筛选简历，山姆的简历根本就过不了第一轮筛选。最终，山姆在一家公司找到了一份初级服务岗位的工作。能找到工作，山姆还是觉得相当开心的。

而山姆的双胞胎兄弟丹尼尔，则有完全不同的经历。丹尼尔所在的大学从大学入学起，就会帮忙他们规划在校内及未来的发展方向。丹尼尔非常喜欢在课余时间与教授一起探讨毕业后的生活、他的抱负、他想要培养的技能、希望能给世界带来的影响等。丹尼尔和校内的学生顾问

第九章 > 大学毕业后：迈入职场、继续深造及其他选择

一直保持着密切联系，他也积极向校友及专业人士吸取经验，从而更好地规划自己在大学期间的学业、实习、游学及社区服务和校内研究的机会。学校对于丹尼尔的个人发展也给予了强有力的支持，当丹尼尔在一个暑期选择去国会进行无薪实习时，学校为丹尼尔提供了薪资补贴，帮他解决了经济上的后顾之忧。

在大二那年，丹尼尔对管理咨询领域产生了极大的兴趣，并把这一行业视为自己毕业后的就业领域。学校对丹尼尔的职业规划非常支持，帮助他与该领域的杰出校友主动建立联系。从校友那里，丹尼尔了解到他最想去的咨询公司麦肯锡（McKinsey & Company）招聘周期比大多数公司都要长。在学校的帮助下，丹尼尔为这份工作量身定制了一份简历，重点突出了自己丰富的职场规划能力及过硬的专业经验，并在简历中罗列了通过使用这些专业经验所取得的实际成果。除了简历，学校还帮助丹尼尔建立了一个作品集，展示他的实际工作案例。功夫不负有心人，丹尼尔在校园招聘活动中遇到了来自麦肯锡的招聘人员，并为自己赢得了面试机会。学校为丹尼尔安排了多次模拟面试，还有校友为丹尼尔的面试出谋划策，最终，在大家的努力下，他成功获得了这份来之不易的工作机会。

雇主在学生身上最看重什么？

为了满足大学"帮助学生做好毕业后就业准备"的需求，美国各大高校和企业雇主联合起来，盘点了大学应该帮助学生培养的技能。美国大学与雇主协会（NACE）总结出的学生就业主要竞争力列表中包括技

山姆和丹尼尔

术技能和非技术技能。随着时间的推移及环境的转变，这些罗列出来的主要竞争力将会帮助学生不断证明自己的能力，融会贯通掌握新的技能，从而实现个人及职业的发展。

团队合作能力、口头和书面表达能力、职业道德和专业素质、批判性思维、解决问题的能力、在数字技术方面的掌握程度及领导力，都是在NACE列表中出现的主要竞争力。同时，职业生涯管理能力及对全球化和跨文化的适应性，也是重要的竞争力。具备职业生涯管理能力的人，不仅能够更好地驾驭工作机会，主动在职场中寻求发展机遇，还能在求职过程中更全面清晰地分析自己的优缺点。而对全球化和跨文化的适应能力，能让人在任何工作环境中都有出色的表现。

在大学期间，学生可以通过参与课内外的活动，包括上课、完成作业、课外实习等形式来提升这些主要竞争力。在一些高校推出的针对大一新生的项目中，还会要求学生做出大学四年中个人竞争力发展的具体规划。

雇主都希望学生在面试时能够清晰地表达自己的长处与技能。高校经常会组织学生进行个人反思及作品展示活动，从而锻炼学生的表达能力。学生可以通过制作电子档案及职业档案的方式，整合在大学期间的产出，反思个人的优缺点，定向地给雇主或校内顾问展示自己的成果。电子档案还能帮助学生更好地展示个人背景及经历，阐述哪些个人能力是与雇主或研究生院提出的要求相匹配的。雇主在招聘时经常会问学生"你在实习中学到了什么"这个问题。如果学生有提前准备并练习过如何应答这一问题，便能在回答时充分展现个人能力，证明自己的技能能够满足职业的需求。

要知道，除了展示成绩单，学生可以向雇主展现自我能力的方式多种多样。比如通过线上学习获得的相关技能认证书（如 3D 打印技术认证）等。

公民发展：毕业后对社会的贡献

无论是作为一名职场人还是作为一名社会人，想要成功，需要具备表达自我、与不同的人共事、能够独立解决问题等技能。

学生可以在大学期间培养自己的技能，从而顺利走出校园，迈入职场，走进社会，成为一名合格的公民。大学生活中，无论学生是认真上课，还是积极参与社区服务，这些都会帮助他们提升自我意识，从而在更广阔的社会环境甚至国际环境中游刃有余。

> **可以通过以下三方面了解学校是否对学生就业及毕业后发展予以支持**
>
> 1. 学校是否能为毕业生提供光明的前景？
> 2. 学校是否会专门培养学生的竞争力，以便应对毕业后的长期发展？
> 3. 学校是否能为学生选择职业方向、开启职业生涯提供足够的支持？

评估大学为学生毕业后的成功所做的努力的标准

级别	评估指标
优秀	大学为了提升学生的职业技能及社会属性，在课内外都提供了高水平的辅导项目；学校根据学生的具体情况，主动指导学生，帮助学生做好毕业后发展的准备；学校为学生提供了丰富的人际关系网，帮助学生结识不同领域的雇主及专业人士
良好	大学为学生安排了许多实践活动，帮学生做好毕业后迈入社会的准备；学校会为学生提供毕业后的咨询与规划服务，但无法根据每个学生的个人情况制订方案；学校经常为学生提供机会，与不同领域的雇主及专业人士建立联系
中等	大学注重培养学生毕业后取得成功的技能，但由于人力不足，无法为学生提供全面有效的支持；学校会为学生提供机会建立有利于职业发展的关系网，但不是所有学生都能参与其中
一般	大学认为自己有责任帮助学生准备好面对毕业后的发展；但由于人力物力有限，只有少数学生有机会获得学校提供的帮助
较差	大学极少帮助学生为毕业后的生活做好准备，校内也几乎没有旨在促进学生毕业后发展的活动

结语

当学业不顺利时,大家总是理所当然地责怪学生不努力。但经过阅读本书,相信你已经意识到,学生想要在大学期间取得成功,学校的支持也很重要。有些大学可能连最基本的为学生提供足够的课程都做不到,导致学生无法按时毕业。如果就读的大学并不关注学生的成功,那么学生不仅无法从学校得到有效的指导,而且无法体验大学期间多种多样的学习机会。这样的高等教育便是没有意义的。

为了推动学生成功,很多大学也在不断进行变革:推出新的措施,重新设计学生校内体验,制定全面的学生成长发展战略等。正如前文中所罗列的,大学施行的措施多种多样,但归根结底要从这些措施是否经过深思熟虑,是否在校内被贯彻落实,是否能满足学生不同方面成长的需求,以及是否适用于每一位学生这些维度来评估。那对于学生来说,什么样的大学才是好的大学呢?答案是,要选择一所能够支持你成功的大学。

阅读本书,可以帮助学生了解哪些是择校时需要重点评估的要素。当学生对大学有了更深的了解和更多的期待时,也能从侧面鞭策大学不断进步。选择一所适合自己的大学,在校期间享受有意义的校园时光,充分发挥自己的潜力,结识三五好友,不断扩宽自己的眼界。毕业时,带着所学所见,离开校园,走入社会,迎接新的挑战,这便是大学的乐趣与意义。

美好的大学生活,正在等着我们。你还在等什么?去好好享受和创造属于自己的大学生活吧!

术语（Glossary）总结

Active Learning 主动式学习：不同于传统的被动式学习，主动式学习将学生充分融入课堂教学活动中，鼓励学生结合课程材料积极参与课堂互动。

Advising 咨询：受过培训的专业人士或同龄人为学生提供帮助，确保学生顺利完成学业，充分利用大学时光，同时为大学毕业后的生活做好准备。咨询的内容包括如何合理安排课程、如何获取大学资源，如何获得经济援助或校内资讯等。

Career Services 就业指导：帮助学生明确未来就业发展目标的活动和项目，指导学生准备并实现自己的学业发展及职业发展目标。

Competencies 核心竞争力：通过不同的教育体验，学生收获的个人技能及职业技能，包括口头及书面表达能力、辩证思考能力、团队协作能力及解决问题的能力等。

Cost of Attendance 高等教育成本：学生就读大学所需要的年花销，包括学费、住宿费、交通费、课本费等。

Curriculum 课程设置：学生在大学中学习的全部课程。根据不同的学位及专业，学生的课程设置各不相同。

Disparities 差异性：这里指的是不同背景的学生群体在大学中取得成功的比例。差异性体现在很多层面，比如具体项目的参与度、具体课程的完成度及毕业率的群体差异。

Expected Family Contribution（EFC）家庭预期贡献：美国联邦政府对学生及其家庭可以负担的高等教育费用的预估。该预估用于审核学生的财政援助申请资格及计算具体援助金额。

Experiential Learning 课外实践学习：摆脱传统教室内授课的学习模式，学习形式多为体验式，包括实习、海外学习、本科科研项目、服务型学习及其他不同形式的专业工作经历。

Every-Student-Matters Culture "每个学生都很重要"的文化：在这种文化中，每个学生都能获得同样的关注。大学将帮助所有学生取得成功视为学校重要的责任。

Fellowship 奖学金：罗德奖学金、富布赖特奖学金、杜鲁门奖学金等奖学金都会引起学生的激烈竞争。奖学金不仅可以帮学生支付上学费用，还能把优秀的学生集中到一起进行特训。

Financial Aid Package 经济补助组合：学生可以得到的全部经济补助的金额，包括奖学金、助学金、学费减免、学生贷款及勤工俭学的机会等。

First-Generation Student 第一代大学生：父母或监护人未取得大学学位的学生。

Free Application for Federal Student Aid（FAFSA）美国联邦政府助学申请表：需要学生填写的美国联邦政府助学金申请表格。美国联邦政府会根据学生的申请，决定学生是否有资格获取联邦政府助学金。

General Education 通识教育：学生通常会在大学前两年完成一系列基础课程，从而为之后的学业及未来发展打下基础。通识课程包括历史、写作、数学、科学、多样化课程等。

Graduation Rate 毕业率：指学生在大学获得学位的百分比，通常以 4 年或 6 年内拿到本科学位的学生数量来计算。

Grants 助学金：为经济有困难的学生提供的补助，无须学生偿还。

Guided Pathway 学业指导：帮助学生按照学期顺序，规划出应该完成的课程，把握学业进度，顺利毕业。学业指导也被称为学术/专业向导。

Growth Mindset 成长型思维模式：通过实践和从失败中吸取教训，使学生更好地完成任务、取得成绩突破的思维模式。

High-Impact Practices（HIPs）提升学生能力的实践活动列表：经研究证实的一系列能够提升学生学习能力及毕业后表现的大学教育活动，如课外实践学习、整合性专题实作、团队协作项目等。

Internship 实习：学生在职场环境中的学习经历。实习不仅能为学生提供宝贵的工作经验，还可以帮助学生扩展人脉，与专业领域人才建立联系，并明确自己的未来发展方向或职业目标。

Learning Community 学习共同体：校方把大一新生中兴趣相仿、专业相同或者参与同一活动的学生聚集起来，组成有系统的学习社群。

Learning Outcomes 学习成果：学生顺利完成课程或某项具体教育活动后，展示出来的个人能力及知识的提升。

Life Coach 生活教练：大学中的生活教练也被称为成功教练，旨在帮助学生在学术领域和非学术领域建立目标。和学术导师相比，高校专门聘请的受过专业培训的生活教练，其工作范围更全面，工作强度更大。学生通常会定期与他们的生活教练见面。

Loan 贷款：学生贷款是一项需要连本带利偿还的补助形式。

Major 专业：学生为获得某个学科领域的学位而需要学习的一套课程。

学生必须学完校方规定的必修课和选修课，才能顺利完成该专业的学习。部分专业的招生条件可能会比较严苛，从而引起的录取竞争也会相对激烈。

Wellness 学生健康：学生的心理、身体、情感健康状况及整体幸福感。

Net Price 实际承担费用：扣除学生获得的奖学金、助学金或学费减免后，所需支付的大学费用。

Office Hours 办公时间：老师每周安排固定时间在课外与学生接触，提供指导并回答学生问题；老师通常会在办公室与学生见面，也有一些老师会选择网络会谈或在非办公环境下见面。

Orientation 迎新：旨在帮助大学新生顺利进入大学状态而开展的教育项目。新生通过各种系统的入学培训活动可以充分了解校内资源、扩展校内社交网络并顺利完成课程注册。

Postgraduation Outcomes 毕业后的发展：学生大学毕业后的发展动向，通常用学生的就业或继续教育成绩来衡量。

Prerequisite Courses 先修课程：学生想选修特定课程或专业之前必须完成的学术课程。

Ranking 排名：依照某些标准（如毕业率和师生比例）评估一所高校在高校名单中的位置。

Retention Rate 留校率：大一学生继续留校就读大二的人数百分比。

Scholarships 奖学金：一项无须偿还的经济补助，帮助学生分担大学期间的经济压力。奖学金通常由州政府、各大高校或相关合作机构提供。

Sense of Belonging 归属感：学生认为自己对学校很重要，并且与同学、老师及校园都能产生联系的感情。

Service Learning 服务型学习：一种将社区服务与教学相结合并引导学生反思的教学方法。社区是课堂的延伸，学生可以通过参与社区中的服务型学习，观察发现问题，然后把自己的专业知识运用到实际生活中解决问题。

Student Success 学生成功：旨在关注学生在专业、智力、公民意识和个人领域的全面发展。学生成功与否通常以学生毕业率及毕业后的发展等方面来衡量。

Study Abroad 海外学习：通常指学生为完成学业，前往国外进行的教育活动。大部分海外学习项目会采用传统的课堂授课模式，但也会为学生提供在异国参与科研、实习及参与服务型学习的机会。

Tutoring 课外辅导：学生从同龄人、教职员工或专业人士中获取的订制化学术课外辅导。

Undergraduate Research 本科科学研究：由本科生开展的对学科有独到见解和贡献的调研活动。在本科生科研项目中，学生通常以助手的形式帮助导师或研究生完成项目。而一些专业水平和科研能力较高的本科生，可以独立承担项目，并在导师和研究生的协助下完成科研活动。

Underrepresented Students 弱势群体学生：学生出身于受高等教育比例较低的家庭。

Work-Study 半工半读：由美国联邦政府、州政府或高校资助的工读机会，帮助学生通过校内或校外兼职来支付部分大学费用。